誰も教えてくれなかったマラソン

フォームの基本

遅く走り始めた人ほど大切な60のコツ

みやすのんき
Nonki Miyasu

KANZEN

はじめに

私はランニングの有名コーチでも監督でもなく、元選手でもありません。運動オンチ、そして日頃、不摂生の極みで体重が85kgあった一介のマンガ家です。しかし50歳を過ぎてからポンコツの身体に鞭打ち、全マラソン競技人口の３％未満、50歳以上だと１％未満であるサブスリー（フルマラソンを３時間以内で走る事）を達成しました。そのおかげもあり、２０１５年に『走れ！マンガ家ひぃこらサブスリー』、２０１７年に第二弾『「大転子ランニング」で走れ！マンガ家53歳でもサブスリー』（共に実業之日本社）、２０１６年に『あなたの歩き方が劇的に変わる！驚異の大転子ウォーキング』（彩図社）と実用書を上梓させていただきました。従来の「そもそも速かった陸上経験者が教える本」とは一線を画した、「足も遅く、年齢的にも走り始めるのが遅かった、一般市民ランナー目線で描く痒いところに手が届いた本」として、高評価をいただきました。しかし一方で「マンガ家のくせに文章が多い」というご意見や「マンガ家なのにイラストがわかりにくい」というご批判もいただきました。レビューでも「よく研究はしていると思うけれど、ランニングのフォームなんて各人によって違うから」というのもありました。

しかし私から言わせてもらえば、前記の3冊は個人的な考えではなく、誰でも当てはまるような万人向けに書いた本なのです。そして誤解を受けたのは、そもそも出版社さんからキャッチーなコピーがほしいと言われてつけたタイトル「大転子ランニング」。マンガ家が調子に乗って特殊な走法を編み出して広めようとしているというイメージに繋がったようです。そこで今回、カンゼンさんからお話をいただいた時には、文章を少なくした写真中心のムック本を提案しました。しかも我田引水にならないように撮影モデルは長距離陸上競技界において世界最速であるケニア人の選手を希望……という私に担当編集さんは呆れ顔。

担当編集さんから最初に言われたのは「え？　難しいじゃないですか。みやすのんき理論を実践している実業団やプロのランナーを探すなんて、しかもケニア人でしょ。それより事務所に所属しているスポーツが得意な女性モデルにみやすのんき走法を練習させて演じてもらった方がよくないですか？」

いえいえ！　私の書いた大転子ランニングのフォームは全然特殊でも何でもなくって誰でもそう走っているんです。書籍のレビューで困ったのが「大転子ランニングのやり方がわかりにくいから動画を用意してくれ」というリクエストでした。テレビやYouTubeでマラソン大会の先頭集団を見れば誰でもそう走っているというのにです。

ランニングフォームに関して見るポイント、気をつけなくてはいけない点をわかりやすく解説した本を作るべきではないかと思うようになりました。

「ランニングフォームなんて気にする必要はない」という指導者もいます。しかしそういう人に限って体幹トレや筋トレのフォームにはうるさかったりするのです。もちろん本書では、長距離走ならではのランニングフォームの冗長性も認めています。たとえ首をかしげていてもガニ股であろうとも長年故障せずに速く走れるのなら、その人にとってそれがよいフォーム。しかし人間の骨格や筋肉の動きに基づいた黄金律を理解するに越した事はないでしょう。

そう説明しても編集さんに「え～、でもケニア人選手なんてあまりにも身体能力が違うから市民ランナーの手本にならないじゃないですか!?」と文句を言うので「いいから、いいから」となだめすかしてアポイントを取ってもらい撮影に臨みました。

本書は撮影モデルをサブテン（2時間10分以内）の記録を持つケニア人の現役プロランナーであるサイラス・ジュイさんにお願いしています。現在、自ら大会に出るだけでなく東京マラソン、福岡国際マラソン、別府大分マラソンなど数々の大舞台でのペーサーを務める、競技ランナーが信頼するプロランナーの一人です。当然、ランニングフォームも癖がなく、かつダイナミックです。サイラスさんは日本語も流暢で接しやすく、とても撮影しやすかったです。何より今までケニア人ランナーの走りをここまで詳細に撮影、分析した書籍は世界的にも類を見ないのではないでしょうか。

そしてもう一人は横沢永奈さん。東日本大震災のあった２０１１年。被災地の仙台を駆け抜けるという事で注目されていた全日本実業団対抗女子駅伝。一区でトップを獲ったのは第一生命グループの尾崎好美選手。襷を二区で渡されたのは当時、群馬県の常磐高校を卒業して18歳になったばかりの新人の横沢さんでした。彼女は二位の選手を大きく引き離し、その年の優勝に大きく貢献しました。現在は引退されて、お母さんと同じ看護師を目指して頑張っています。主にトラックの中距離を走っていた彼女もまたキレがあり力強いフォームです。二人の協力なくしては本書はできなかったでしょう。本当に感謝の言葉しかありません。

実際、ランニングの撮影モデルを務めてくださったサイラスさんにも横沢さんにも、そしてカメラマンさんにも「こう走ってください」とか「こう撮ってください」という注文は一切していません。実際、お二人が走っているフォームは自然です。つまり大転子ランニングそのものです。

しかし一方で、私自身にも走るコツというのがあり、それらを意識する事によって「実際の動きとのズレ」を一致させる事ができます。それについては各人の感覚の違いもあり、一般書には書くべきではないと考えていました。ですが結局、この私が書けば私感覚の走法、と捉えられるのなら、開き直って私が使って「よい」と思えたコツも含めた本が世に出てもいいかな、と思うようになりました。

というのも前記の3冊を出した後に、何回かクローズな形でスローシザースや大転子ランニングの練習会をやってみたのですが、各人、形としてはできているものの、頭で考えた意識と実際の身体の動きのズレが気になりました。タイミングがズレていれば、違う動きになってしまいます。本書はこのタイミングのズレの修正にかなり主眼を置いています。読んだら実際に短い距離でいいので走ってみてください。また疑問が湧いたら本書をひろげてください。繰り返す事によって身体がしっくり馴染んでいきます。そういう意味で読者にある程度の Effort と Imagination を求める本だと言えます。ながめるだけで速くなった気になってはいけません。まずは基本をしっかりと頭と身体に叩き込みましょう。運動会でビリが定番だった私が、フルマラソンでサブスリーを達成する過程で築き上げた速く走るためのポイントを60項目にまとめました。元々、足が速い人はこんなポイントを知らなくても速いでしょう。でも遅い人がなぜ遅いのかもわからないし、説明もできないでしょう。本書は昔の私と同じく、今から走り始める人やなかなか速くならない人、そして体力の衰えを感じてきた中高年世代には効果バツグンです。

　実はカンゼンの担当編集さんはフルマラソンで3時間25分を切るくらい速い女性ランナーなんですが、彼女は撮影時に間近でサイラス・ジュイさんの走りを見て衝撃を受け、その後の練習でサイラスさんのリズムや身体の使い方をイメージして走ったら、いまだかつてないくらい速く楽に走れたそうです。それが答えです。速く走るために洗練された理想的なランニングフォームは、誰が見ても美しく、そして参考になるのです。正しいイメージを持ってランニングする事はとても大切です。きっと彼女は今シーズン、自己ベストを更新してくれるでしょう。そして次は本書を手に取った貴方です。

　ゆっくり長く走るという行為自体に意義を感じる人もいます。それはそれでオッケー。この本の骨子もすべてゆっくりとしたジョギング中に思いついたものばかりです。でも、どうせ走るなら楽に、しかも速く走れるようになりたくないですか？　本書にはそのノウハウが凝縮されています。新しい扉を開けてみましょう！

みやすのんき

contents

誰も教えてくれなかったマラソン
「フォーム」の基本
遅く走り始めた人ほど大切な60のコツ

はじめに 2

本書における筋肉名称および動作名称表現と位置 14

本書における骨格の各称表現と位置 15

撮影モデル（プロフィール） 16

第1章 正しい筋出力と方向を意識するだけで速くなる

01 ● 正しい筋出力を意識するだけで速くなる 18

02 ● フォームが悪いと筋出力を意識する意味がない 20

03 ● 走る時に体幹をひねる意識は持たない 22

04 ● 大腿骨のQアングルゆえに走行ラインは一本線に近づいていく 24

05 ● 骨盤を意識して歩いてみよう 26

06 ● 骨盤を意識して走ってみよう 28

07 ● 足の付け根は大転子を意識する 30

Column 1 スピードトレーニングのススメ 32

第2章 ジョグの大切さと危うさを認識する

08 スロージョグの重要性を理解する 34
09 着地は重心真下ではなくちょっと先 36
10 シザースドリルの意識を常に持つ 38
11 足は振り子運動ではなく上から回す 40
12 スロージョグとレースの時に使う筋肉は違う 42
13 スピードはピッチでなくストライドで調整する 44
14 スピードを上げていくと走る感覚は変わる 46
Column 2 ダイエットしたいなら長くゆっくり走る？ 48

第3章 地面と唯一接する足裏の動きを理解する

15 地面とは喧嘩しないで友達になろう 50
16 足は着地とともに内側に倒れ込む 52
17 フォアフット着地は誤解されている 54

18 偏平足はそこまで気にする必要はない 56
19 着地時の足首のタッピング動作は最小限にする 58
20 拇指球で地面を押す意識は持たない 60
21 足裏はまっすぐ着地し離地する意識を持つ 62
Column 3 ヤンキー座りができますか？ 64

第4章 地面のスピードに合わせた膝に優しい着地を獲得する

22 着地手前の振り戻し動作が大切 66
23 膝下を振り出すスキップB意識を持たない 68
24 膝を伸ばしたまま着地しない 70
25 着地時に素早く脛を前傾させる 72
26 足の振り戻しは骨盤の切り替えで起きる 74
27 膝が不安定なランナーは外に張る 76
Column 4 ランニングエコノミー改善のススメ 78

第5章 足の回転を効率よくする先取り感覚を磨く

28 足を後ろ向きに伸ばす意識は不必要 80
29 腸腰筋で誤解されている事は多い 82
30 長距離ランナーはそこまで腸腰筋は発達していない 84
31 初心者と上級者の接地時間は違う 86
32 踵がお尻近くに跳ね上がるのはターンオーバーの速さゆえ 88
33 腿上げの意識は着地の時に一瞬だけ 90
34 先取り意識を持とう 92
Column 5 霜降り牛肉は美味しいけれど… 94

第6章 股関節筋群を使ったSSCで弾性エネルギーを狙う

35 SSCで弾性エネルギーを狙え 96
36 ランニングにおいて人間は柔体と剛体を繰り返す 98
37 一旦、着地で沈んで蹴り上げる動作は最小限に 100
38 膝より下はただ置きにいくだけ 102

39 ジャンプは股関節の屈曲伸展が重要 104
40 着地した足はただ地面を真下に押す 106
41 股関節のスイング速度と足のスイング速度を近づける 108
42 高く跳んではいけない。腰低意識とは？ 110
Column 6 筋トレのススメ 112

第7章 腕振りの重要性と免震バランスを考察する

43 腕振りは上半身の免震装置 114
44 腕振りを重力スイッチに活用する 116
45 腕振りは上半身に壁を作る 118
46 肩は腕振りの支点だからグイグイ動かしてはいけない 120
47 肘を大きく引くから足が大きく前に出るわけではない 122
48 腕振りは回旋するのが自然 124
49 左右の肩甲骨を寄せると腕振りしにくい 126
Column 7 ストレッチのススメ？ 128

第8章 体幹と骨盤を使いブレのない走りを目指す

50 マラソンは上半身が前傾姿勢である必要はない 130
51 着地衝撃で身体が「く」の字になるのは自然 132
52 ケニア人が生まれつき骨盤が前傾してるというのはウソ 134
53 骨盤は前傾させる意識より大転子を前に出す 136
54 低空で頭や腰の高さを変えずに走る 138
55 走行時にお腹は膨らませて緩める 140
56 骨盤は固めないがグニャグニャもNG 142
57 ケニア人選手は背骨の動きでリズムをとっている 144
58 背中周りの若さを保つのが大切 146
59 軸足に完全加重にならない 148
60 軸がブレない走りを目指す 150
Column 8 身体のメンテナンスは大切 152

あとがき 153

本書における筋肉名称および動作名称表現と位置

ストライド＝歩幅

ピッチ＝１分間の歩数

キロ●分＝１kmあたりの時間

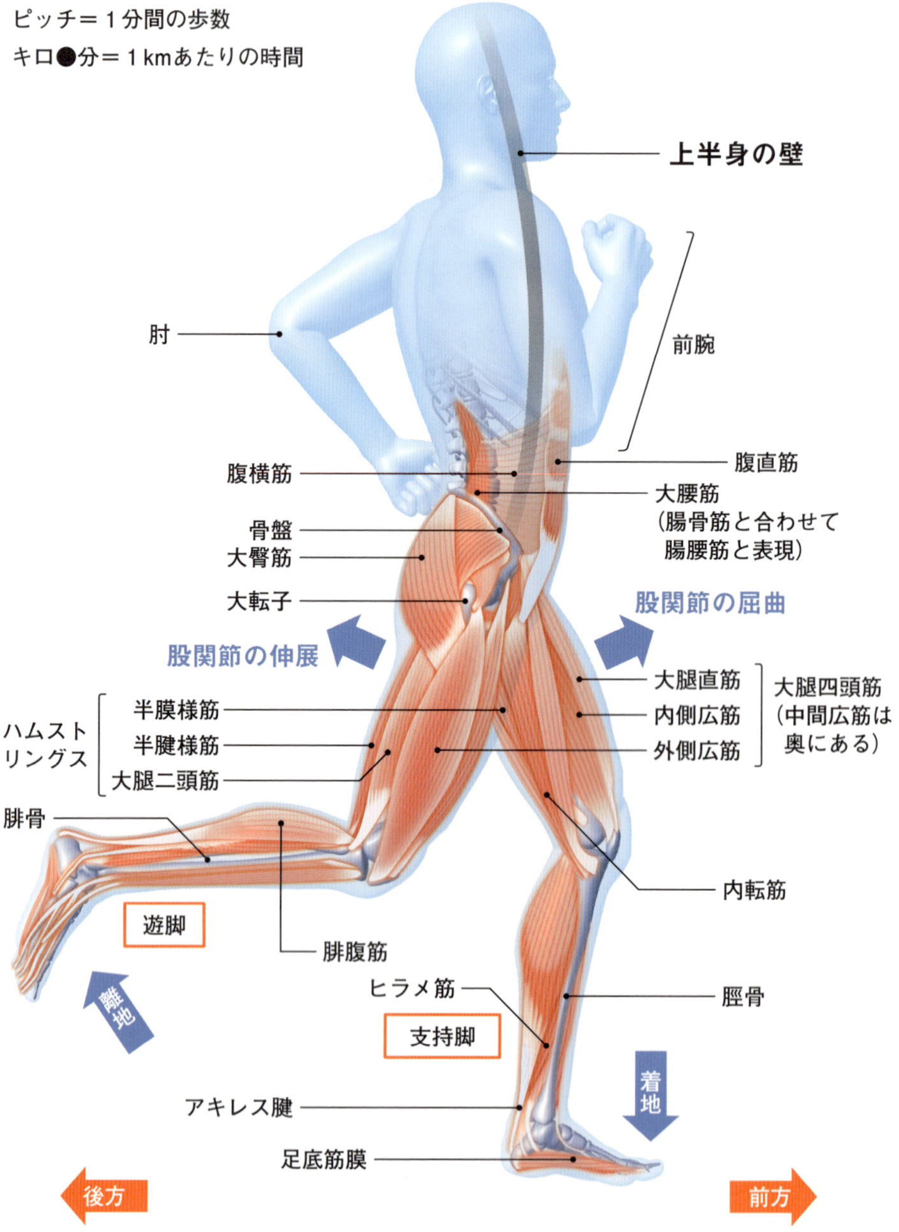

本書における骨格の各称表現と位置

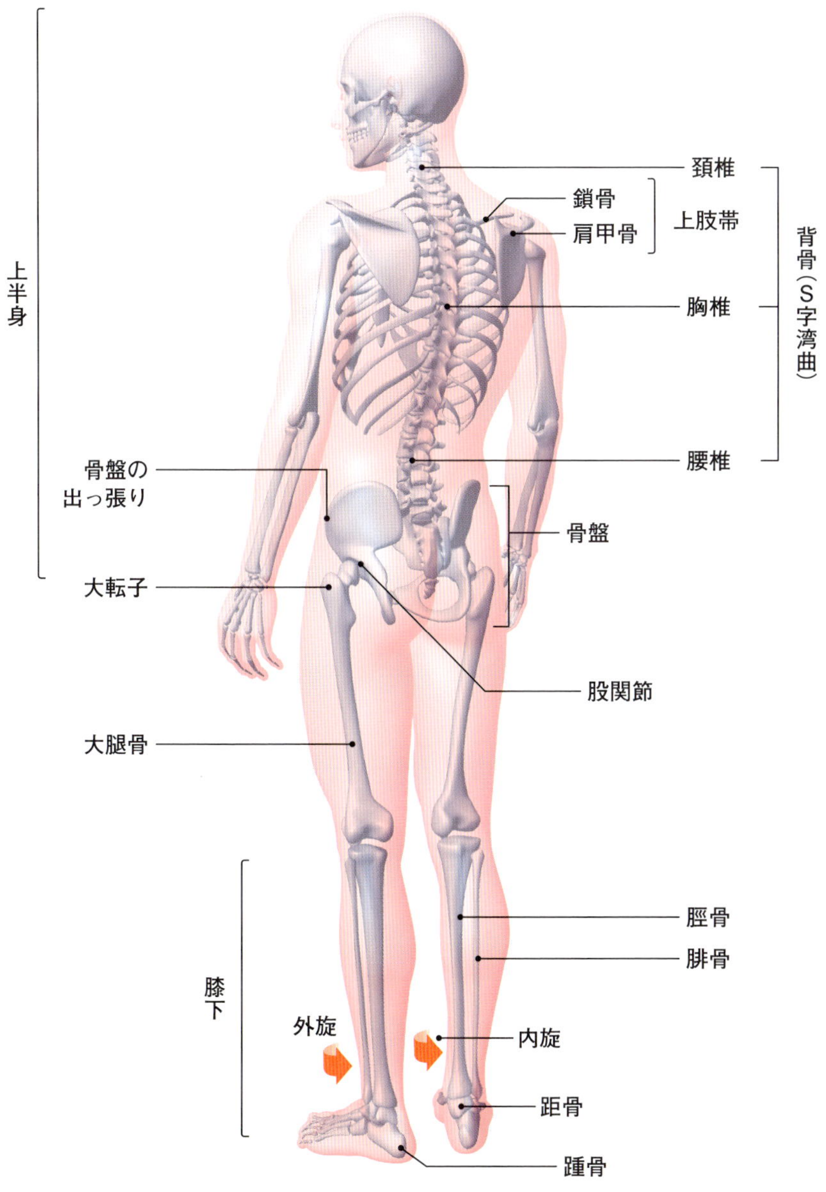

※本文で骨格や筋肉の位置がわからなくなった時にこのページを開いてください。

撮影モデル

サイラス・ジュイ（Cyrus Gichobi Njui）

1986年2月11日生　ケニア出身　セブスポーツ所属

5000m……………13分22秒76　2008年　ゴールデンゲームズinのべおか

10000m…………27分56秒63　2007年　神戸アシックスチャレンジ

ハーフマラソン…1時間01分03秒　2009年　札幌国際ハーフマラソン

マラソン…………2時間9分10秒　2011年　東京マラソン（5位）

2006、2010、2011年　札幌国際ハーフマラソン優勝

2010年　北海道マラソン優勝

2016年　北海道マラソン２位

2016年　ちばアクアラインマラソン（ハーフ）優勝

横沢永奈

1992 年 10 月 29 日生　群馬県嬬恋村出身

1500m……………4 分 24 秒 46　2013 年　ホクレンロングディスタンス網走大会

3000m……………9 分 05 秒 97　2012 年　ホクレンロングディスタンス深川大会

5000m……………15 分 35 秒 73　2013 年　国士舘大学競技会

ハーフマラソン…1 時間 14 分 40 秒　2015 年　第 36 回まつえレディースハーフマラソン

2011 年　全日本実業団対抗女子駅伝優勝・第一生命グループ・メンバー（２区）

第 1 章

正しい筋出力と方向を意識するだけで速くなる

本書は最初から読み進めなくても、どのページから開いても、見開き単位でわかりやすくランニングフォームのコツが解説されています。自分にとって興味がある項目から読み進めてもOK ですが、一部分を切り取ってしまうと誤解を招きかねません。ゆえに重複して書いてある部分もあります。とくに、第1章に関しては大前提となる基本の動きを解説していますので、まず最初に読んでいただく事をオススメします。

「いや、普段から走っているし、基本はもう理解しているから…」

そんな方だからこそ第1章は目からウロコの内容かもしれません。そのくらい今までの指導書には書かれていない事です。正しい筋出力と方向を理解していなかったランナーはこの章を読んだだけで速くなるでしょう。

POINT

01

正しい筋出力を意識するだけで速くなる

みなさんはランニングのイメージをどのように捉えていますか？　このサイラスさんの写真はこれから前足の膝を上げようとしているように見えますか？　後ろ足は伸ばそうとしているように見えますか？　それとも前に膝を折り畳もうとしているように見えますか？　写真であろうと動画であろうと、見た目の形や動きだけではどう走っているか、どう筋肉が動いているかはわからないものです。

いま、どんな筋肉が使われているのか？

右の横沢さんと椅子の写真。彼女は立ち上がろうとしているように見えますか？　座ろうとしているように見えますか？　それとも中腰を維持しているように見えますか？　なかなか写真だけでは判断できないものです。外見上は同じポーズに見えても、異なる方向と動きをしている場合、全く違う筋肉が使われています。

ランニングを外見や形だけ真似ても速くならない

市民ランナーとエリートランナーの違いはストライドの幅です。しかし、足を前後に大きく開いてストライドをひろげようとしてはいけません。右ページの質問の正解ですが、サイラスさんは前足は早く地面に着けようと、後ろ足は早く前に戻そうとしています。前足を腿上げするような意識で走っていては、速く走る事はできないからです。後ろ足も地面を後ろに蹴り出すような意識ではいけません。速いランナーは、前後に足をひろげようとせず、むしろ速く閉じようと“挟み込みの動作”を意識する事で、結果的にストライドが伸びているのです。

振り子が動くエネルギーの変化をイメージしてみよう

振り子の動きに例えると、左に振られている時に右向きに戻るように振る、右に振られている時に左向きに戻るように振る。つまり逆向きの力を加える事によってエネルギーが増大します。ランニングでもこの振り子の原理と同じ事が言えます。

Check

基本の動きを理解して、正しく走りのイメージを持つ事が大切です。それによって無駄な動きがそぎ落とされ、必ず速く走れるようになります。頭で正しい走り方を理解すれば、身体は必ず後からついてきます。まずは意識改革をしましょう。

POINT 02

フォームが悪いと筋出力を意識する意味がない

ランニングの指導書には、よく「お尻とハムストリングスなど身体の後ろ側の筋肉を使って走りましょう」と書かれています。では「お尻、後ろ」と身体の後ろ側に意識を持っていけば、お尻の筋肉を使って走れるようになるでしょうか？　答えは「いいえ」です。ランニングフォームを根本的に直さない限り、お尻の筋肉は使えるようにならないのです。まずはフォームの矯正に取り組みましょう。

使う筋肉はフォームによって変わる！

太腿の「前側」の筋肉が使われている体勢

太腿の「後側」の筋肉が使われている体勢

※赤い矢印が作用線。作用線は力の働く方向に引いた直線。

例としてスクワットのフォームで説明します。左写真では、足裏の真上にお尻が位置しています。そのためテコの原理において作用線からズレて膝が大きく仕事をするので、太腿の前の筋肉が使われます。対して右写真は足裏の上に膝が位置して、お尻が作用線からズレています。この場合は、お尻とハムストリングスなど後ろ側の筋肉が大きく使われる事になります。このように、フォームによって使う筋肉が大きく変わる事を覚えておきましょう。

フォームがよくなれば、質のいい筋肉がついてくる

ケニア人選手をはじめとした速いランナーの筋肉を調べてみると、太腿の前後の筋力バランスがほぼ等しい事がわかりました。一方、市民ランナーは

太腿の前の筋肉、大腿四頭筋が後ろ側のハムストリングスに対して発達しています。「では大腿四頭筋を鍛えるスクワットをやめてハムストを鍛えるレッグカールだけやればバランスはよくなるのだ！」と腿裏を集中して筋トレをしても意味がありません。腿裏を使えるフォームができて初めてその比率になるのです。

初心者ランナーがサイラスさんのような大きな走りを形だけ真似ようとして、無理にストライドをひろげても、股関節筋群の弱さが露呈してしまうだけでしょう。

Check

ランニングフォームと筋肉バランスは相関関係があります。速いランナーと同じ筋肉を筋トレでつけようとしてはかえってバランスを崩します。正しいフォームで走る事が速いランナーの筋出力を獲得する近道です。

POINT 03

走る時に体幹をひねる意識は持たない

ウォーキングやランニングにおいて、よく誤解されているのが「走る＝体幹をひねる」いう意識です。ケニア人ランナーをはじめとする速い選手のフォームは、左側の骨盤が前に出るのと同時に左側の上肢帯（鎖骨、肩甲骨）からなる骨格が前に出ます。そして次に右側の骨盤が前に出るのと同時に右側の上肢帯が前に出ます。意識的に体幹をひねって走ってはいけません。

体幹をひねる動きとはどんなフォーム？

　これは、右ページのサイラスさんの写真を真上から表した図です。
　左図は上半身と骨盤が同じ動きになり、足は反対向きになっている正しいフォーム。右足が前に出た時に骨盤の右側が後ろに下がっています。一方、右図は上半身と骨盤がひねられています。胴体、つまり背骨がねじれて骨盤と足が同じ向き（右足が前に出た時に骨盤の右側も前に出る）だと、間延びした走りになってしまいます。

ここが意識ズレポイント

骨盤から上を意識的にひねらない

　左右の手足は逆向きに振られますが、体幹もまた左右にひねられていると思い込んでしまっている人は意外と多いので、比較のために右ページのサイラスさんと同じ写真で間違った力の方向を矢印で示しました。
　写真で見ると、右腿が上がっている時に右の骨盤が前に出ているように見えるので、体幹をひねっているように思えてしまうのでしょう。
　左足も後ろに伸びて、骨盤も左側が後ろに流れているように見えますが、あくまで上半身と骨盤、足の向きは逆になり、胴体はねじれていません。

Check

野球、ゴルフ、テニスをはじめ、あらゆるスポーツにおいて意識的に体幹をひねる動きはありません。ひねる事によって大きなパワーが生み出される事はないのです。ランニングも当然同じです。

POINT 04

大腿骨のQアングルゆえに走行ラインは一本線に近づいていく

走る時に左右の足が着地するのは１本のライン上がいいのでしょうか。それとも左右の足を真下に下ろした２本のラインを肩幅くらいに保って走った方がいいのでしょうか。足と地面が最短距離をとる事を考えると、真下にまっすぐ着地させた方が効率がよさそうです。という事は、２本のラインの方がお得？いいえ、そうではありません。よく誤解されているのが骨盤、股関節を含む足の形状です。

腰から足はどうついている？

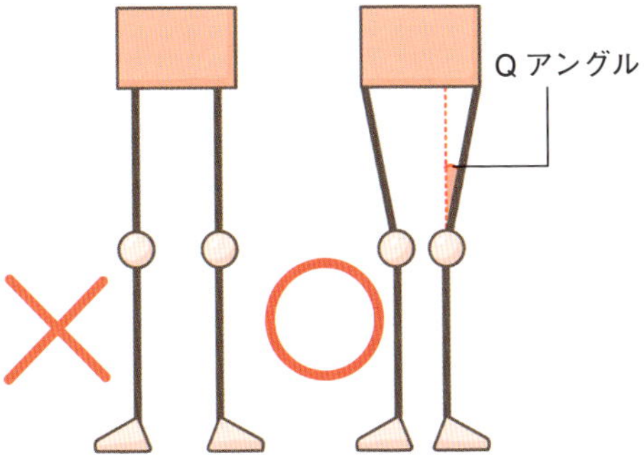

骨盤の下から足が真下についているのではありません。

骨盤の横に股関節があり、大腿骨は内側に伸びています。

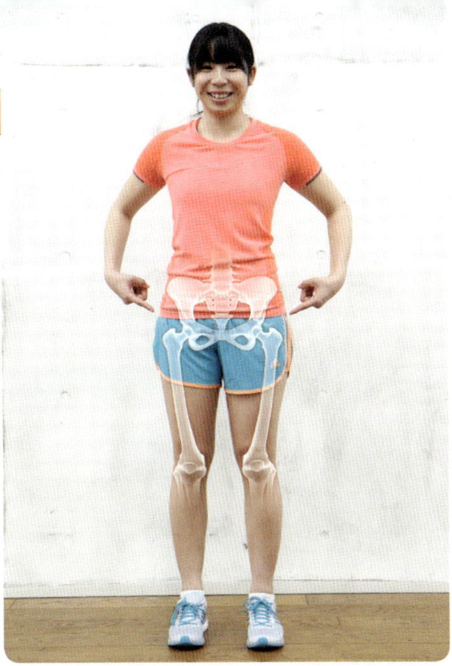

股関節は骨盤の下ではなく、横にあります。そこから大腿骨は男性で10度ほど、女性で15度ほど内側に角度がついて絞り込まれるように足が接続しています。足の骨はまっすぐ下に伸びているわけではないのです。これは「Qアングル」といって、人間本来の正しい骨の形状です。ゆえに歩行の際も、左右の足が着地するラインは左右の股関節の真下の地面ではなく、やや内側に着地します。さらに骨盤自体に円運動が加わるので、ランニング時の着地はほぼ1本のラインに限りなく近づいていきます。実際、ケニア人やエチオピア人の選手はほとんどが1本のライン上を走っています。

人間が片足立ちできるのもQアングルのおかげ

片足立ちで2本のライン上を意識すると頭と上半身が振り子のように振られます。身体の軸がブレてしまうと、エネルギーのロスが大きい走りになってしまいます。

Qアングルできちんと片足立ちができていると、身体の中心軸がブレずに安定感が出ます。

Check

末端である足先に意識がいって、帳尻を合わせるように1本のライン上を走ろうとしてはいけません。あくまで大元の骨盤がちゃんと動いていれば、着地位置は1本のラインに自然に寄っていくのです。

POINT 05

骨盤を意識して歩いてみよう

骨盤の使い方がわかりにくい場合は、まず基本的な身体の使い方をウォーキングで覚えましょう。骨盤の左右が交互に前に出て進みます。足はその動きにワンテンポ遅れて太腿→ふくらはぎ→足首の順番に振り出されます。着地寸前に反対側の骨盤が出るので膝下は手前に引き戻されながらほぼ重心真下に着地します。その際、膝は曲がります。歩幅は無理にひろげず小股でスタスタと歩きましょう。

こんな歩き方は非効率！

膝を曲げずに
踵の角から
着地？

①大股で腕を大きく振る歩き方

健康ウォーキングとしてよく見かけるのが軍隊の行進のような歩き方。「腕をぶんぶん振って前足の膝をまっすぐ伸ばして踵の角から着地、後ろ足はつま先から勢いよく蹴り出す」

不自然に大股で歩くことにより、中高年の衰えた足の筋トレ効果を謳っています。つまりわざとウォーキングエコノミーを落として無駄に筋肉を使った歩き方です。効率が悪いから速くも歩けず、普段の生活にはおおよそ使えません。

②骨盤を大きく上に動かす歩き方

モデルウォークで遊脚側の骨盤を上げてガシガシと歩く歩き方があります。とても派手で目立つのでファッション業界で一時期大変流行りました。それに影響を受けたのか、歩いたり走ったりする時にも同じように指導される場合があります。一見骨盤を大きく動かし、ストライドも伸びそうですが、実際は一歩一歩に無駄が多く、故障も誘発します。

遊脚側の
骨盤を上げて
回すように
前に？

ここが意識ズレポイント

上肢帯と骨盤の連動を意識しすぎると肩が大きく動いてしまう事がある

歩行時は地面に必ずどちらかの足が着いており、接地時間も長いので地面の影響を大きく受けます。足と骨盤は対角の動きになり、交互に前に出る事になります。右ページの写真で説明すると、骨盤の左側が出た時に、右足が前に出ます。次に骨盤の右側が出た時に、左足が前に出ます。上肢帯は骨盤と連動して同じ側が前に出ますが、意識しすぎてギクシャクする場合は、骨盤と足の連動のみに集中しましょう。

Check

日頃、足と骨盤をコンパスのように同じ方向にひろげて、大股で歩いている方には慣れない動きでしょう。骨盤を意識して歩く事で、効率のよい走り方を理解しやすくなります。この歩き方に慣れたら、雑踏で道行く人より、かなり速く歩けるようになります。大切なのは歩幅をひろげすぎない事です。

POINT 06

骨盤を意識して走ってみよう

骨盤を意識して歩くことに慣れたら、今度は走ってみましょう。やはり股関節を意識してください。歩行時のように支持脚に押されて、骨盤が後ろに下がるような感覚は消失して、しっかりと着地衝撃を受けとめるようにします。グニャッとつぶれると地面の反力をもらいにくくなるので、骨盤を受動的に大きくブレさせないようにします。走行時は骨盤周りの筋力も大切になってくるのです。

正しいランニングフォームは、骨盤と上肢帯が同時に動く

①上から見るとわかりやすいのですが、左の上肢帯（鎖骨、肩甲骨）が前に出るのと同時に骨盤の左側が前に出ています。それに引っ張られるように左足が前に振り出されます。

②今度は右の上肢帯と骨盤の右側が同時に前に出ます。それに引っ張られるように右足が前に振り出されます。ランニングはこれら左右の体幹の軸が交互に前に出て、それにともない足が振り出される連続運動と意識しましょう。

体幹を「固める」「ひねる」意識だと効率の悪い走りに

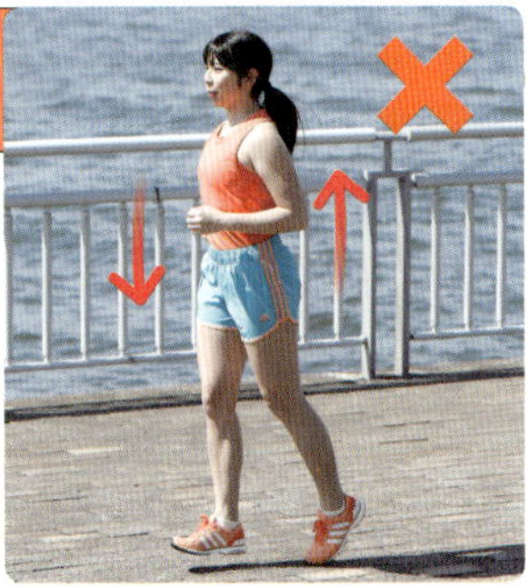

初心者にありがちなのが、腰高を意識しすぎて上にチョンチョンと跳ぶフォーム。体幹を固めてしまっては、ストライドの大きい走りはできません。ランニングは上に跳ぶのではなく水平方向に大きく移動する運動です。その鍵を握っているのはダイナミックな骨盤の動きです。

ランニングは両足とも空中に浮いている滞空時間がある

走る動作と歩く動作の決定的な違いは両足とも空中に浮いている局面の有無です。つまり走ると接地時間は短くなり、地面をなぞらなくてよくなります。走行時には骨盤によってダイレクトに脚が振り出されるようになっていきます。

右ページのサイラスさんでいうと、遊脚側である骨盤の左側は大きく前に出ます。そして支持脚側である骨盤の右側は、歩く局面では地面に押されてやや後ろに下がる感覚ですが、走る時は空中にあるため少しだけ前に出る感覚になります。結果として骨盤の動きはキレがあり、強くコンパクトなものになっていきます。

Check

トップ選手の骨盤の動かし方を見てみると、骨盤が前に動いた事でグンッと足が引き出されて加速するような勢いがあります。「足で地面を蹴る」事を意識していると、このような走り方はできません。

POINT 07

足の付け根は大転子を意識する

ここまで読んで「骨盤を意識するってどういう事？」と感じた方もいるかもしれません。そこで走る時のランドマークとして「大転子（股関節の横あたりにちょっと出ている骨の部分）」を意識する事をオススメしています。股関節は奥まった場所にあって意識しにくいため、外側で触れる事もできる大転子付近に股関節があるとイメージしてください。この左右の大転子を軸として身体は交互に前に出て進みます。

大転子はどこにある？

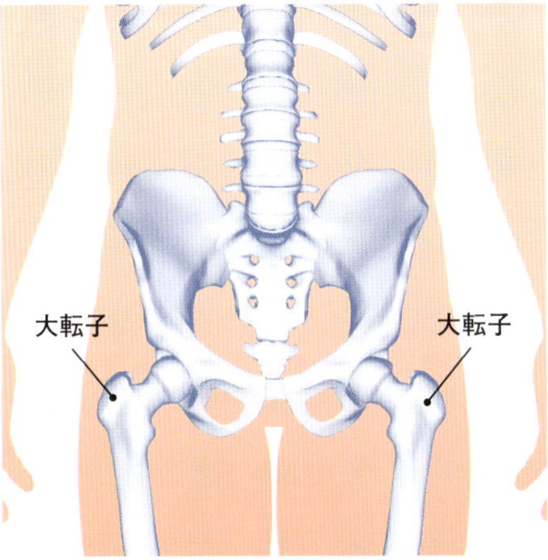

大転子の場所は、骨盤の左右のグリグリ（正しくは上前腸骨刺）から8～10cmほど下がったところにある骨の出っ張り部分です。これが大腿骨の上の部分になります。その奥に股関節があると思ってください。

左右の手で大転子に触れながら歩くだけでもかなりダイナミックに動いている事がわかると思います。

体幹をねじると腰を痛める事も

左右の腕と足は逆向きに振り出されるので、歩いたり走ったりする時は体幹がねじられていると思いがちですが、それでは背骨をねじって腰椎を無理やり動かすような動きになり、腰を痛めてしまう可能性があります。

「足は鳩尾まで」は間違いの元！？

「足は鳩尾《みぞおち》までと考えて走ろう」という指導書があります。確かに鳩尾まで引き上げれば足は長くなりますが、これもまた背骨をねじる事になります。骨盤が足と同じ向きに動いて間延びした大股走りになり疲れるだけです。

正しく走ると骨盤が先導して動き、それに引き出されるように足が前に振り出されます。結果、骨盤と足は逆向きに動く事になります。

Check

大転子の出っ張りは「下半身太りの原因なので凹ませましょう」と美容業界で宣伝されることもあります。大転子をグッと押し込む事でお尻や太腿のサイズダウンが図れるとか……。しかし残念ながら骨盤のサイズや大転子の角度は成長期を超えると変わりません。

Column 1

スピードトレーニングのススメ

マラソンなどを走るのに重要な有酸素能力を決定する要素は最大酸素摂取量（VO2max= 心肺能力）、乳酸性作業閾値（LT= 全身持久力）、そしてランニングエコノミー（RE= フォームなど効率性）の三つです。

人間は呼吸によって酸素を身体に取り込み、この酸素を利用して糖や脂肪を分解して、運動エネルギーを獲得します。つまり酸素を取り込める量を増やせば運動能力は向上します。

日本にはまだまだ伝統的な距離信仰が指導でも残っていますが、Helgerudらの研究（2007）において、高強度のインターバルトレーニングは低強度のそれより大きくVO2maxの増加を促し、それはVO2maxに相当する最大強度付近で行うのが最も向上する事をつきとめました。インターバルトレーニングとは心肺がキツいレベルのスピード走とゆっくりジョグを交互に行う練習です。例えば400m ×10本とか1000m ×５本などが代表的な種目でしょう。ペース走など持続的なランニングより、インターバルのような間欠的ランニングの方がVO2maxの向上には効果的という事です。それは間欠的トレーニングの方が、結果的に運動強度を強く設定できるからです。またVO2maxが増大する事で乳酸性作業閾値におけるランニング速度も有意に向上しました。つまり高強度のインターバルトレーニングは筋疲労など全身持久力への改善にも効果があるのです。

一方、この研究で注目すべきポイントはトレーニングの強度と量には互換性がない事を見出された事です。つまり長い距離を低速度で延々と走ったとしてもVO2maxの向上には効果的ではない事が裏付けられました。確かに日頃速く走っている人がアクティブレストでスロージョグの有効性を再認識したという話はよくありますが、スロージョグばかりやって速くなったという話はほとんど聞きません。

高強度インターバルを週に１回、長時間の低速度ランニングを週に４回行わせた場合、時間は４分の１以下なのに、VO2maxの増加量は高強度インターバルの方が２倍を上回ったという研究もあります。運動を持続すればするほど、酸素摂取量は増加する事になるわけですから、マラソンを走る余裕においてVO2maxの向上は大きなアドバンテージとなります。スピードトレーニングは故障を誘発すると忌避するランナーもいますが、VO2max値を上げる最も効率的な方法として重要なのは紛れもない事実なのです。

第2章

ジョグの大切さと危うさを認識する

一言でジョグといってもレーススピードが速い人と遅い人でその速度も変わります。5000ｍや10000ｍなどトラックレースを主に戦っている人にとって１km あたり４分でもジョグの範疇だし、マラソンのトップ選手ではキロ４分～５分、市民ランナーだとキロ６～８分の人もいます。初心者はキロ10分でもキツい方もいるでしょう。川内優輝選手はキロ５分以上は速すぎると言っていますが、サイラスさんのジョグスピードはキロ３分50秒～４分だそうです。

ジョグは速く走ってこそ、全体スピードの底上げにつながると信じる指導者もいますし、逆に疲労抜きや故障対策のためにゆっくり走るべきと考える指導者もいます。その目的はさまざまですが、走った距離やスピード以上の神秘的な効果は望めません。正しいやり方を知らないと変な癖がフォームに入り込むばかりでなく、ゆっくりとしたジョグで延々と走る、いわゆるLSD（ロング・スロー・ディスタンス）ばかりでは速くならない事も理解しましょう。

POINT 08

スロージョグの重要性を理解する

ゆっくり走るジョグは大切です。ウォーミングアップによる体温上昇、呼吸や循環器の立ち上がりの準備、交感神経やアドレナリン分泌、そしてクーリングダウンとしては強度の高いポイント練習後の乳酸の早期除去をする動的回復などいろいろな目的に使えます。ゆっくりしたジョグを毎日続けても、いきなりレースで速く走れるようになるわけではありませんが、毛細血管やミトコンドリアを増やし無理なく速いスピードで走る段階への大切な準備になります。ジョグに余裕がある場合、なるべく鼻呼吸で走ってみましょう。

ジョグの真の目的は、身体の芯の意識づけ

サッカーのリフティング、テニスや卓球でひたすら球をラケットの上で弾ませる。トップ選手でもそれらを淡々と続けている様子を見た事があると思います。彼らはただ遊んでいるのではありません。日頃からボールを芯で捉える事を身体に染み込ませているのです。

ジョグの真の目的は『自分自身の身体の芯を着地時に捉える事に慣れる＝地面反力を一番受けるポイントを意識できるようにする』といってもよいでしょう。だから速く走る事が目的ではありません。

急に速く走るのは危険！

時間がないからといっていきなり速いスピードで走る事は筋肉が硬直している状態で強い負荷を掛けてしまい、故障を誘発する危険性があります。急な運動は心拍数や血圧の急上昇につながり、心臓への負担も大きいです。必ずウォーミングアップのジョグを入れましょう。

スロージョグでコンディションを維持しよう

疲労回復、故障時のコンディション維持には、ゆっくりと30分～60分程度走るのが効果的です。大切なのは痛みやストレスを感じない事。ペースはキロ7～8分で十分です。

痛みを感じる箇所があれば、さらにペースを遅くしてもかまいませんが、痛みを逃がすために左右のバランスが崩れたフォームになってしまう場合は、走るのを中止した方がよいでしょう。治ってからもフォームに影響が出てしまう可能性があります。

Check

正しいフォームを身につけるための身体への意識づけやコンディショニング維持には、ジョグだけでなく身体にいろいろな刺激を入れるドリル、ストレッチ、マッサージなど自分でやれるメンテナンスも大切です。

POINT 09

着地は重心真下ではなくちょっと先

ジョグで第一に意識すべきは地面反力です。なかなか思うようにスピードが上がらないランニング初級〜中級者が気をつけなくてはいけないのは「足の着地の位置」です。速く走るには足をひろげてストライドを伸ばす事が大切と考えてしまい、なるべく足を前方に着地しようとしてしまうランナーが多いのです。結果、踵の角から着地する事になり、地面の反力をもらうどころか筋肉でもがくような走りになってしまいます。

速度が上がると
より前方に着く
ようになります
10〜20cm程度

まず最初は、ストライドを縮めて重心の真下を意識してみよう

むやみに歩幅をひろげてストライドを伸ばそうと考えるよりも、地面の反力を上手に受けられるように真下に着地するようにしましょう。地面の反力は走りの大きな推進力になります。最初、ストライドは20～30cmの感覚でいいので、ポンポンポンと重心の真下に着地する事を意識します。前進する意識より、真上に身体というボールが弾んでいる感覚です。そこから大転子を前方に押し出すようにイメージすれば身体は勝手に前に進み出します。

ここが意識ズレポイント

真下に着地せよという指導も間違ってはいない

スピードにかかわらず「真下重心に着地」という指導も多いですが、ほとんどのランナーは少しだけ前方に着地しています。しかし感覚では真下に着地しているように感じられるので間違っているわけではありません。一番よくないのはスピードが出ていないのに前方に着地してしまう事です。その場合、踵着地が顕著になりブレーキを掛けるような走りになってしまいます。

前方への着地はスピードが出てから

逆にスピードが上がっても重心の真下に着地しようとすると物理学的にはそのまま前方にコケてしまいます。

スピードが出てくるにつれ真下重心ではなく、重心の10cm～20cm前方に着地するようになります。そうする事によってブレーキが少しだけ掛かり、地面からの反力を最大限に受け取れるようになります。

Check

一番地面の反力を受け取れる着地点を探しましょう。身体の芯がしっかりしている場合、頭まで突き抜けるような反力を感じるようになります。まさに“走りの世界”が変わります。

POINT 10

シザースドリルの意識を常に持つ

全国高校駅伝の常連高である豊川工業のホームグラウンドには、イラストのような『接地前に反対足をまたぎ越せ！』という看板が掲げてあります。これは、短距離走では必須の「シザースドリル」という動きであり、長距離走でも大変重要な意識です。もちろんドリルのまま走るわけではありませんが、速いランナーはみな足の着地前半で後ろ足が追い越す感覚があります。走るのが遅い人は足が後ろに流れて地面をタイミングよく押せていない場合が多いのです。足は前で捌く意識を持つとランニングのパフォーマンスはグンと向上します。

ここが意識ズレポイント

実際の走りでは着地で重心が乗った時に追い越す

シザースドリルはピッチを早くして足の回転数をあげる効果もあります。横から見て、前足が着地する前に、後ろ足が前足のラインを越す「挟み込み」を意識します。実際には着地して重心が乗ったあたりで追い越せればよいでしょう。

シザース動作を反復して身体に馴染ませていくと、自ずと接地時間が短くなり、地面を瞬間的に強く押せるようになります。

NGフォーム

着地時の遊脚の位置を意識しよう

着地した足は後ろに伸ばさず、すぐに前に戻しましょう。後ろに足を流すと足の回転が落ちて速く走れません。

着地してから腿上げをすると支持脚は折れがちになります。支持脚の着地位置の矯正、膝や足首の過度な屈曲防止にもシザースは使えます。

Check

長距離走ではあまりにシザース動作を意識しすぎると上半身が少し仰け反ってしまい、腿上げ動作が大きくなりすぎる傾向があります。やりすぎは疲労にもつながります。あくまでシザースを意識した上で自然な走りを心がけましょう。

POINT 11 足は振り子運動ではなく上から回す

POINT10では、足を前に捌く意識が大切という事を説明しましたが、足を腰の下で振り子のように前後に動かす意識で走っているランナーは初心者に限らず多いのです。シザースドリルのコツでもありますが、着地した足をすぐに引き上げるような意識で、半円を描くように前に戻しましょう。よくある誤解は離地した足を下から上に擦りあげるように軌道を描いてしまう事です。

下から上へ振り子のように動かす走り方はダメ！

多くの初心者ランナーがイメージしてしまうのがこの走り方。下で振り子のように動かすと、足が大きく上がらないので、足を引きずるような低い軌道になりがちです。当然、速くは走れません。アスファルトでも少しの段差、トレイルだとよく木の根っこにつまずいてしまう走り方でもあります。

半円を描くように、引き上げて前に戻す意識が腸腰筋のスイッチに

速い人は離地した足を半円を描くように、引き上げて前に戻すイメージを持って走っています。しかし、力を入れて膝を上げるのではありません。力を抜けているから前に素早く戻されるのです。

これにより腸腰筋にスイッチが入り、お尻に踵が近づくくらい膝下が大きく跳ね上がるようになります。

正しい足の回し方を理解しよう

着地したらすぐに前に戻す感覚がないと、着地すべき遊脚局面の後半で下から上に振り上げるようなイメージで走ってしまいます。これはよくありません。必要以上に腿上げをして、足は無駄な軌道を通ってしまう事になります。

Check

走るのが遅い人は、足を前に戻す空中動作の時に意識がなく、地面に着地した足を後ろに力強く引っかくと速くなるイメージを持っている事が多いのです。それでは足の回転が遅くなってしまいスリ足のような走り方になってしまいます。

POINT 12

スロージョグとレースの時に使う筋肉は違う

ゆっくり走ると脳から指令が出て、筋肉でランニングする事になります。どういう事かというと、速く走っている人は筋肉に力を入れてグイグイ走っているわけではありません。ストレッチ・ショートニング・サイクル（SSC）という身体のシステムを使ってエネルギー消費をおさえて効率的に走っているのです。このSSC、本書では何度も使われるランニングにおける要となるキーワードになります。

ジョグのフォームをチェックしよう

ジョグに疲れてくるとつい前屈みになってしまいますが、まっすぐの姿勢を保ちましょう。頭部はとても重たいので骨盤の真上に保持します。つまりそれが正しく地面の反力をもらう方法です。

初心者によくあるのが「足を前後にひろげた幅＝ストライド」となってしまう事です。それではSSCを上手に使えず、地面の反力をもらえません。

SSC（伸張−短縮サイクル）の主要なメカニズムは？

筋肉は一気に伸ばされると、断裂してしまうので、伸ばされてしまわないように収縮しようとする性質があり、それを「伸張反射」と呼びます。脳は介さず、脊髄からの反射運動なので脳から筋出力の命令を出して筋収縮が行われるより、筋出力までの時間が短くなります。そして脳からの出力より大きなパワーが得られます。何より都合がいいのは、普通の筋活動よりエネルギー消費が少ないのです。つまりSSCを使う事によって速く、疲れずに効率よく走る事ができるようになります。

Check

ゆっくりとしたジョグを続けていると、ランニングの本質であるSSCを利用した動きからかけ離れたものになっていく場合があります。ある程度走る事ができるようになったら週に１〜２回はスピードを出して走ってみる事をオススメします。最初は30m〜50mの短い距離を数回程度でもかまいません。

POINT 13

スピードはピッチでなくストライドで調整する

この章では、これまで「ゆっくりしたジョグ」と書いていますが、基本的に走るのが速い人はジョグの時もピッチはそのまま速く小刻みに走るのです。一般的に180歩／分以上で走ります。おおよそ1秒間に3歩進むテンポです。ジョグ、快調走、レーススピード、スプリント、基本的にピッチはほぼ一定を保ちます。ゆっくりしたジョグでもピッチの低下は－10程度にします。日頃から同じピッチを刻む癖をつけましょう。

撮影：第61回全日本実業団対抗駅伝競走大会

ストライドはスピードが速いほど伸びていく

レーススピード

快調走

ゆっくりジョグ

スピードが上がると何が変わるかというとストライド（歩幅）です。速くなればなるほどストライドが伸びていきます。スロージョグでは30～50cmでもかまいませんが、サブスリーレベルでは、人によっては130～140cmまでひろがります。マラソンのトップ選手になると180～200cm以上にもひろがっていきます。これは、スピードが上がるとともに、地面を押す力が強くなり、より瞬間的になっていくからです。

ここが意識ズレポイント

ストライドを意識して伸ばすのはNG！

ストライドのひろさは、そのランナーの筋力と走る速度に合わせた接地タイミングの上手さに依存します。意識的にストライドをひろげても、ピッチが下がって沈み込みが大きくなり、かえって遅くなるだけでなく、酸素消費量の増大も引き起こし、すぐに疲れます。練習を重ねればストライドは自然に伸びていきます。必ず自分に合ったストライドが調整できるようになるので、くれぐれも無理にひろげようとしないでください。一般的にはストライドはほんのちょっと狭いかなと感じる幅が一番ピッチも上がるしランニングエコノミーも高いのです。

ピッチが落ちると走りの効率が落ちる

特にジョグの時は、支持脚の沈み込みやSSCの消失により、ピッチが下がりやすいので気をつけましょう。逆にいうと、ピッチを180歩／分以上に保てないとSSCを有効活用できないと考えてください。当然これはレースの後半でも起きる事。疲れて接地時間が長くなるため、ピッチが落ちてしまうのです。

Check

ピッチを保つ意識を持つために、メトロノーム機能があるスマホのアプリや音楽を聴いて180歩／分以上のテンポを身体に覚えさせる事もオススメです。当然、ピッチを維持するだけの筋持久力は最低限つけなくてはいけません。ちなみに私はおおよそ185歩／分のピッチを刻んでます。

POINT 14

スピードを上げていくと走る感覚は変わる

ランニングのスピードによっても走る感覚は変わっていきます。ゆっくりとしたジョグの時は、地面を押す意識が明確だったり、着地した足を上から回す意識があります。シザースドリルの意識もそうですが、スピードが上がっていって足の回転が速くなると同時に地面の反力が大きくなり、足の動きも大きくなっていきます。それにともない地面に対して押す感覚は消失し、足は地面を瞬間的にタッチするような感覚になっていきます。

速いスピードで走るにつれて足は地面から強く押し返されるようになる

トップスピードで走るスプリントでは、地面反力で自然と足が強く押し返されます。そのため、スピードが速くなるにつれ、「半円を描くように引き上げて前に戻す」といった足の軌道の感覚も意識しなくなっていきます。100m などの短距離走ではトップスピードに達してしまったら、ただ脱力して加速しようとせずに地面反力に身を委ねていればよいと言われます。

ゆっくりジョグはフォームが崩れやすいので注意！

ゆっくりとしたジョグばかりやっていると、左の写真のようにランニングフォームにいろいろな癖がついてしまう事があります。楽なので無駄な動きが入りやすいのです。たまにはスピード練習で刺激を入れて洗練されたフォームを磨くようにしましょう。

Check

逆にスピードを上げた練習ばかりを繰り返していると、何となく短い距離だと走り切れてしまうものなのでマラソンに合った経済的なフォームが身につかない事もあります。いろいろな距離やスピードで走ってみて、自分の疲れないフォームを確立させる事が大切です。

Column 2

ダイエットしたいなら長くゆっくり走る？

多くのランナーが興味を持っている脂肪燃焼効果、いわゆるダイエットには果たして「ゆっくりとしたジョグで長時間走る事」と「短い時間に高強度インターバルトレーニングを行う事」ではどちらが効果が高いのでしょう？

以前は「ゆっくりとしたジョギングの方が脂肪燃焼効果は高い」とまことしやかに言われていました。高強度のインターバルトレーニングは疲労度が高いゆえに短時間で終了してしまうので、脂肪燃焼効果が期待できないように思えます。確かに長時間、軽い運動をし続けた方が効果的なようにも思えます。

しかし高強度のインターバルトレーニングの方が運動中、そして運動後にも“昂進”と呼ばれるエネルギー代謝が高い状態をキープして、脂肪燃焼に長時間、効果を発揮します。皆さんも激しい運動をした後、安静時でも心拍数が高い状態が続いているのを感じた事があると思います。ランニングの後にピタッと脂肪燃焼がとまるのではないのです。結果、長時間ゆっくり走るのと短時間の高強度のインターバルトレーニングは同じような効果が得られると考えられます。

ところが、実際ダイエットとして考えた場合、どちらもそこまでカロリー消費の効果は見込めないのです。体脂肪が減るには前提として食事の摂取カロリーより日々の消費カロリーが上回る事が条件になります。つまり一番効果があるのは食事制限です。「運動したんだから、ご褒美にたくさん食べていい、飲んでいい」という発想ではいつまでもダイエットできません。あくまで運動はカロリー制限＋αのメリハリの部分と捉えてください。

マラソン大会では早い時間帯にゴールするランナーほど痩せており、遅い時間帯のランナーほどずんぐりむっくりな傾向があります。短く速く走るのと長時間ゆっくり走る。どちらも同じように痩せるのならば、この二群は同程度の体脂肪率でもいいはずです。結局、遅いランナーほど摂取カロリーが多く、速いランナーほど節制している。明確にわかるのはこの事実です。

第3章

地面と唯一接する足裏の動きを理解する

ランニングは全身のバランスが大切です。しかしながら飛行機が部品ひとつの欠陥で大事故につながるのと同じく、何かしら身体の一部の歪みが全体に悪影響を及ぼす事もあります。そこで本書は身体のパーツを順番に正しい動き方を説明していきます。ランナーにとって地面と接する足裏、また足首は故障も多く気になるところでしょう。ランニングフォームにおいて、あまり末端意識から取り上げたくはないのですが、多くの誤解もあるのでまず最初に解説します。というのも骨盤と大腿骨の大元の動きにより足の末端の動きは決定付けられるべきだからです。踵やアキレス腱の痛みに悩まされているランナーはまず間違った着地や離地意識を直す事。そしてサイズの合ったシューズを履いた上で、シューズの紐をもっと緩めてみて下さい。さらに股関節筋群の柔軟性を高める事でかなり解決されるはずです。

POINT 15 地面とは喧嘩しないで友達になろう

　ランニングの着地は、空き缶を潰すように地面を捉えると表現する事があります。「言い得て妙」ですが、空き缶を踏み潰した事がない人にはそれがどの程度かわからないでしょう。「走る＝足で地面を蹴る」のは誤解です。なぜ足で地面を蹴ってはいけないのか。それは地面の反力をもらえないからです。

正しく接地しないと地面反力を上手に利用できない

野球のバットは野球のボールを打ち返すのには適していますが、卓球の軽い球やボーリングの重い球を打ち返すのには不向きです。もし写真のようにバレーボールがテニスボールのサイズだったら？　もしバトミントンの羽根がバスケットボールだったら？　同じように、ランニング時に地面から正しい反発を得るには、強すぎず弱すぎない丁寧な接地意識が大切です。

間違ったフォームと着地は故障の原因に！

走るたびにアキレス腱が痛む、足裏がズキンズキンする、膝や腰に違和感がある…。こんなに気が重い事はありません。練習したいけれど、そのたびに痛みに苦しめられるのは気が滅入るものです。たいていの痛みは間違った接地意識が起因している事が多いのです。楽しいランニングライフを送るためにも正しいランニングフォームと接地意識を身につけましょう。

Check

ランニング時に強く地面を蹴り込みすぎて足首周辺を故障する人が後を絶ちません。蹴るのではなく押す、タッチする。自分の体重とスピードに見合った地面へのパワーの伝え方を覚えましょう。

POINT 16

足は着地とともに内側に倒れ込む

足は地面に対してまっすぐ垂直に着地すると思い込んでいませんか？　足は「プロネーション（回内動作）」といって土踏まずのアーチがつぶれるように内側に「く」の字に倒れ込んで着地衝撃を吸収します。以前、オーバープロネーション（過回内）を抑制するというシューズがずいぶん宣伝されて、すっかり悪者にされてしまった回内動作ですが、誰にでも見られる自然な着地動作です。

足は外側から内側に倒れ込んで着地する

着地は足の外側からまず行われます。多くのランナーがシューズのアウトソールの踵の外側から削れていく事を気にしますが、それは自然な事です。走行時、足が地面に触れると距骨を支点にして土踏まず側に足首が倒れ込みます。

土踏まずはアーチがつぶれてこそ衝撃吸収に寄与します。アーチは維持するものだという考えのもと、アーチをつぶさないようにする健康グッズが山ほどありますが、自然な足の動きを阻害するものがほとんどと言っていいでしょう。

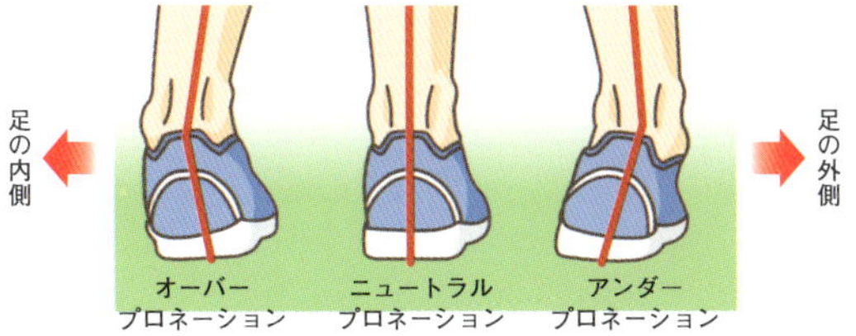

※このような広告にご注意。ニュートラルプロネーションが正しいわけではありません。

サイラスさんの左足が回内する瞬間を見てみよう！

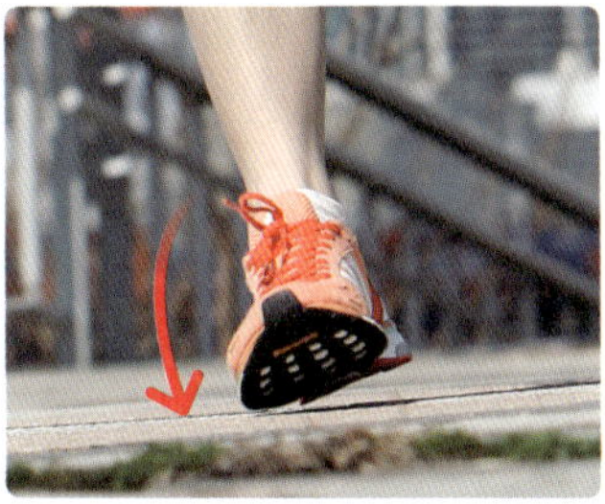

着地寸前に大腿骨のＱアングルの影響を受け、足の外側が下がる

着地とともに足首が内側に折れ曲がり（回内）衝撃を吸収する。

Check

ちなみに過回内、過回外は先天的もしくは後天的に足首が変形して、立っている時点で外側や内側に足首が倒れ込んでしまっている状態です。その場合、シューズは大きく片減りします。ほとんどのランナーに当てはまりません。

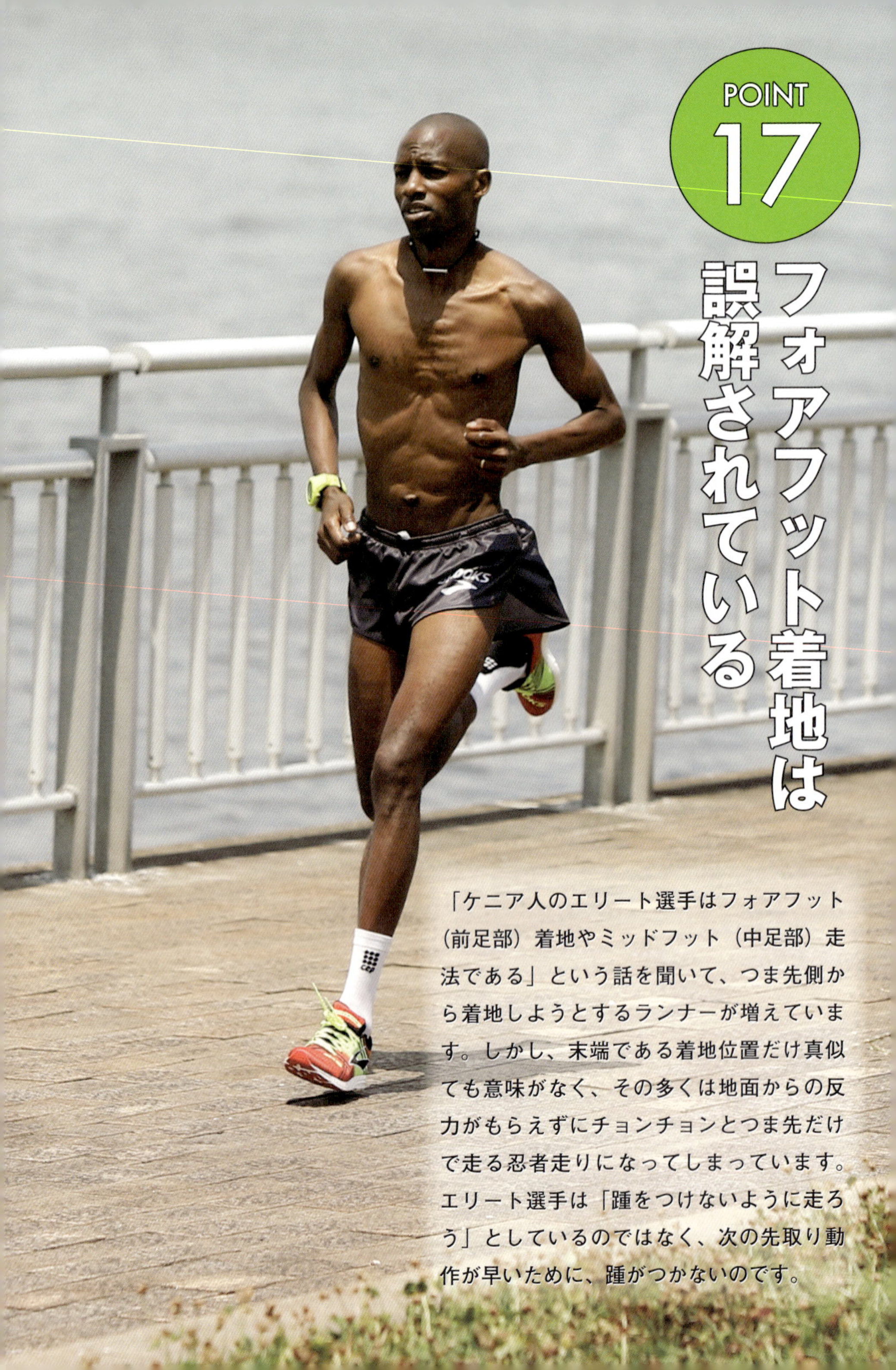

POINT 17

フォアフット着地は誤解されている

「ケニア人のエリート選手はフォアフット（前足部）着地やミッドフット（中足部）走法である」という話を聞いて、つま先側から着地しようとするランナーが増えています。しかし、末端である着地位置だけ真似ても意味がなく、その多くは地面からの反力がもらえずにチョンチョンとつま先だけで走る忍者走りになってしまっています。エリート選手は「踵をつけないように走ろう」としているのではなく、次の先取り動作が早いために、踵がつかないのです。

着地はつま先？　それとも踵？

その場ジャンプ
ではつま先から
着地しているけ
れど…

「その場でジャンプをすると、前足部から着地をするので人間本来の着地はフォアフットだ」と説明される事がありますが、走る動作はトランポリンのように１本の棒のようになって真上に跳ぶ動作ではありません。前進するので踵着地も不自然ではないのです。

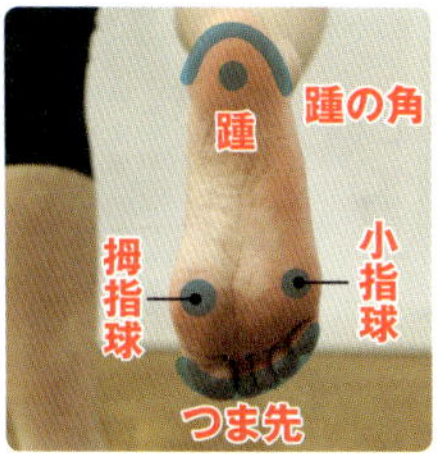
踵の角
踵
拇指球
小指球
つま先

フォアフット着地はつま先着地とよく言われますが、厳密に言うとこれも誤解です。実際には小指球から着地する事が多いです。

ここが意識ズレポイント

フォアフット着地に無理やり矯正する必要はない

踵をつけないで着地しようとするランナーもいますが、踵からの着地が悪いわけではないのです。実際、踵着地のエリートランナーはたくさんいます。ケニア人選手にももちろんいます。

サイラスさんも低速では裸足でも踵着地！

つま先をつけないで走っているように見えるエリートランナーもいますが、接地時間が長くスピードも遅い市民ランナーが安易に真似をしても、フルマラソンではふくらはぎやアキレス腱、足底筋膜の負担が大きすぎて最後まで持ちません。

Check

ケニア人のエリート選手がフォアフットやミッドフット着地で走るのは股関節を大きく使い、ストライドが伸びて、走るスピードが速いためです。着地位置だけ真似ても速くなるわけでも怪我をしなくなるわけでもないので注意しましょう。

POINT 18

偏平足はそこまで気にする必要はない

写真のサイラスさんの足は扁平足に見えませんか？　回内動作によって着地衝撃を自然に吸収するシステムが備わっている事を説明しましたが、前後方向にも同じようなシステムが存在します。ウインドラス機構といって、着地寸前に足の指が跳ね上がり、指の骨の付け根から踵骨まで繋がる足底筋膜が引っ張られて足裏は縦方向に自然に固まって着地に備えます。

ウインドラス機構の仕組みを見てみよう

①着地寸前

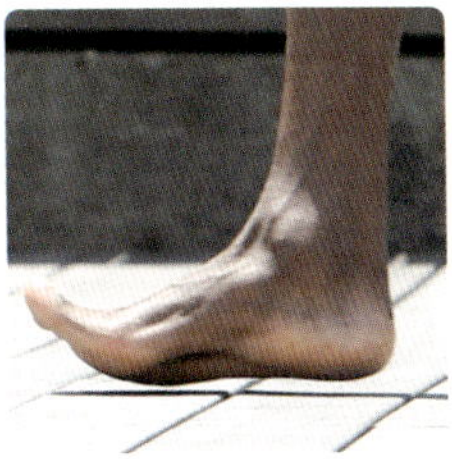

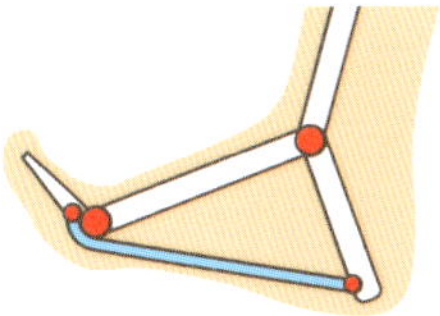

着地寸前に足の指が跳ね上がり、指の骨の付け根から踵骨まで繋がる足底筋膜が引っ張られて足裏は縦方向に自然に固まり着地に備えます。

②着地

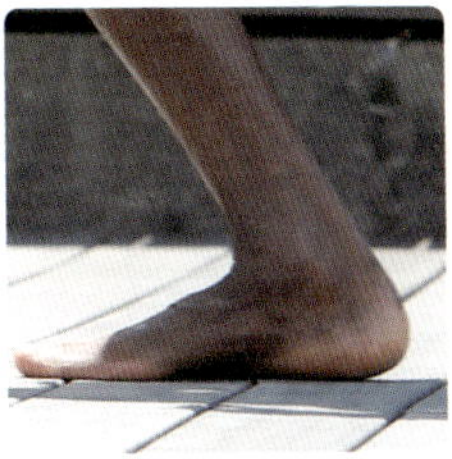

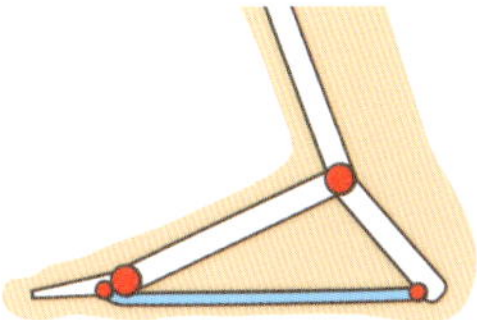

着地すると足の指が落ちる事によって筋膜が緩み足のアーチがひろがり、衝撃を吸収するトラス機構が働きます。またその際に筋膜は伸張反射でバネのように離地に向けてパワーを生み出します。

③離地寸前

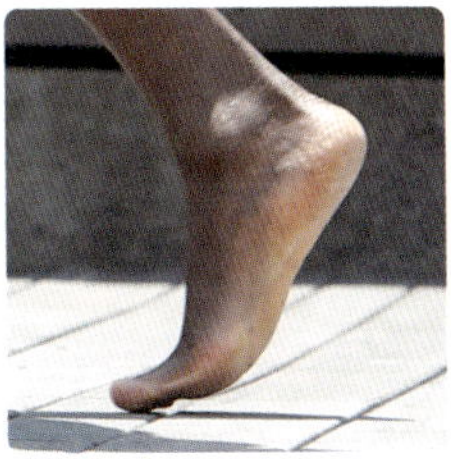

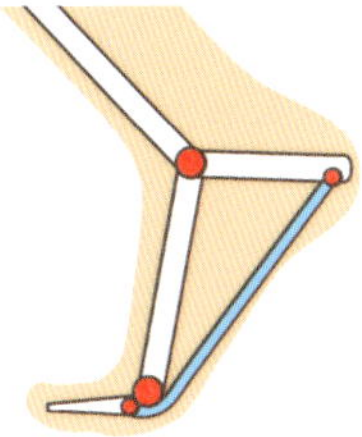

足裏がローリングして重心が前に移動すると踵が浮いて前足部が曲がります。すると再び筋膜が引き伸ばされ、足裏が固まって離地時の弾性エネルギーに寄与します。

④離地

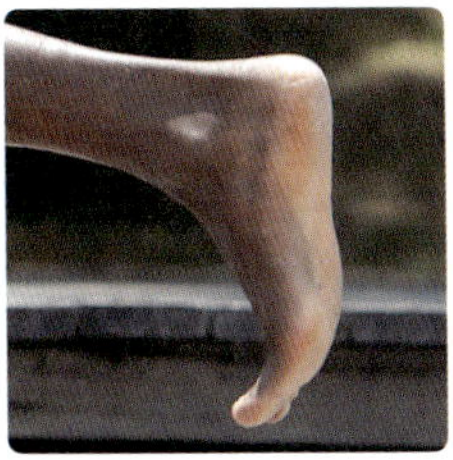

偏平足便乗商法にご注意!?

裸足で立っている状態で靴屋さんから「偏平足ですね」と指摘されても、あわててオーダーメイドのインソールや対策グッズを買う必要はありません。指が上がった状態で足裏にアーチができれば問題はありません。オリンピックレベルのエリート選手にも偏平足はいるほどです。

Check

回内動作と同じくウインドラス機構もすべて自然に起こる事です。だから意識的に足裏を固めなくても自然に固まります。足首を固めたり拇指球で蹴ったりしてもいけません。意識的に固める事でふくらはぎが硬直して無駄な力を使ってしまい、故障を誘発します。

POINT 19

着地時の足首のタッピング動作は最小限にする

POINT18で足指が跳ね上がって着地衝撃に備えるウインドラス機構を説明しましたが、足首全体を一旦、上に大きく跳ね上げてから着地させるタッピング動作を入れてしまうランナーが多いのです。ある程度のタッピング動作は許容範囲ですが、大きすぎると着地衝撃が強くなってしまいます。

タッピング動作は自然に起きるが、指ではなく足首を上げてはダメ

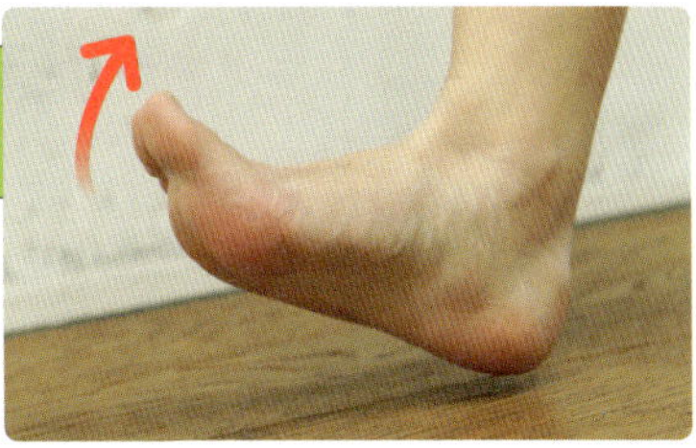

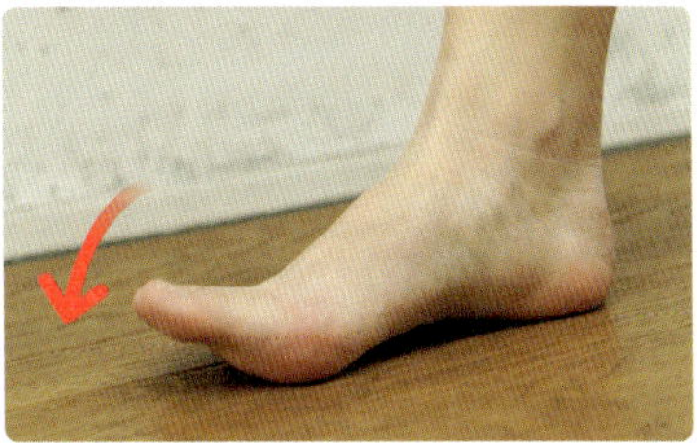

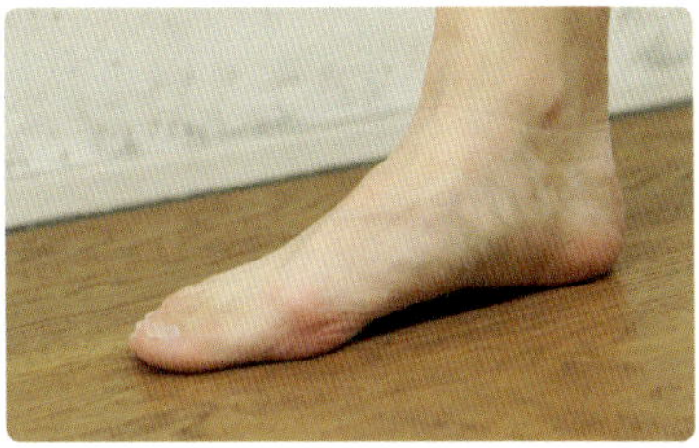

タッピング動作は歩く時にもよく起きる人間本来の機能ですが、足首自体を大きく跳ね上げてはいけません。本来ならウインドラス機構によって足の指が自然に跳ね上がるのに、普段、革靴などアッパーソールが硬いシューズを履いているために指が動かせず、足首自体が跳ね上がってしまう代償行為の癖がついている人がたくさんいます。短距離走や長距離走の一流選手はそれらがよくコントロールされており、地面との速度差を合わせる事が上手く、タッピング動作が消失しています。

大きなタッピング動作は故障の原因にも…

タッピング動作を入れてしまう事によりワンテンポ、着地のタイミングが遅れてしまいます。足の回転も遅くなり、踵着地を助長します。

また着地のたびに地面を叩いているのでフルマラソンなど長い距離を走ると足裏が痛くなりやすく、アキレス腱の故障も引き起こしやすくなるので要注意です。

Check

ただでさえランニング時には体重の３倍から５倍といわれる重さが片足の足裏に掛かるのです。さらにそれに対して足裏を地面を叩きつけるような意識は持つべきではありません。地面に足はなるべく優しく丁寧に接地するべきなのです。

POINT 20

拇指球で地面を押す意識は持たない

フォアフット着地気味だと小指球からほぼ同時に足裏全体が着地します。踵着地だと小指球が着地する前に踵が一瞬先に着くだけです。「離地の時に拇指球で蹴り出せ」という指導がありますが、地面反力はすでに着地の時にもらっているので、改めて拇指球で蹴り出す意味はありません。

歩く時に足裏に掛かる重心は大きく蛇行する

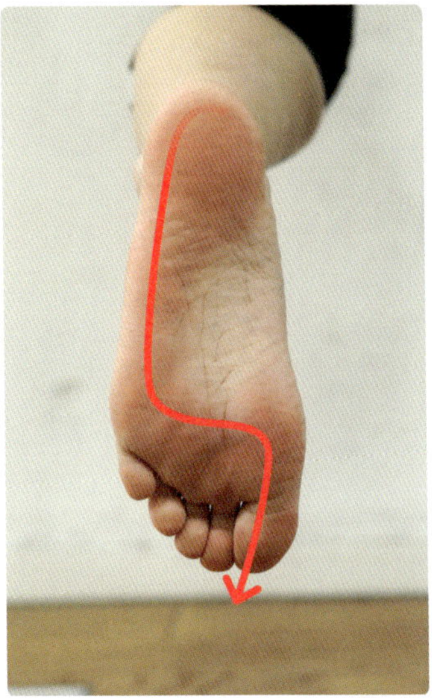

着地の時に足裏は前後にローリングしつつ、足裏の外側から内側に倒れ込むような複雑な動きをします。これは大腿骨のQアングルや骨盤の動きに影響を受けているからです。結果的に人体の構造からこのような重心ラインが形成されますが、このラインをわざわざ意識する必要はありません。

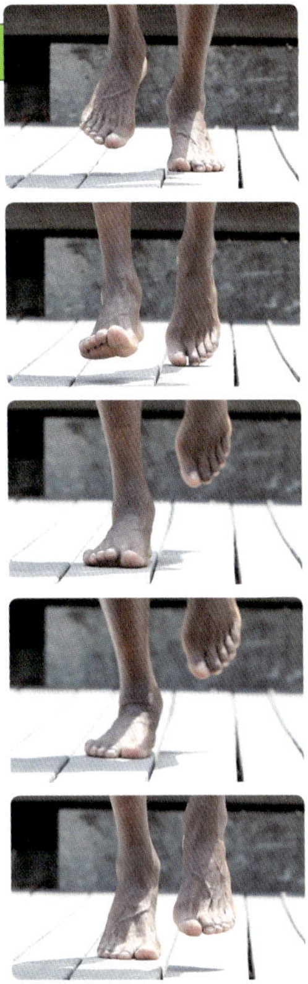

走る時は一瞬の接地で地面反力をもらう

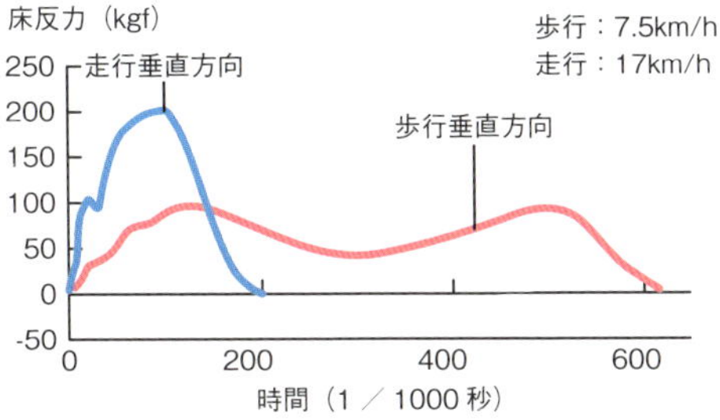

体重60kg の歩行時と走行時の方向別キック力の比較／『足と靴の科学』日刊工業新聞社より作成

このグラフは歩行時と走行時の接地時間の差と垂直方向の地面反力を示したものです。走行時は歩行時に比べて接地時間は約３分の１とかなり短くなります。歩行時は踵で着地して拇指球で押すようなふたつの山がありますが、走る時はほぼひとつの山です。足裏をローリングして地面との摩擦で走るのではありません。大切なのは地面からの反発なのです。足裏全体でせっかくもらった地面の反力に対して、さらに拇指球で二度押ししてはいけません。

Check

足裏や足首など末端の動きばかり気にして走ってしまうとぎこちないランニングになってしまう危険性があります。骨盤や体幹の動きを意識すれば自ずと足裏も正しい動きになります。

POINT 21

足裏はまっすぐ着地し離地する意識を持つ

足裏の着地の回内動作やウインドラス機構について解説してきましたが、それらは普段、意識して走るものではありません。これらは人間本来の動作です。拇指球で蹴ろうとするのと同じく、わざと回内動作を意識したり、指を跳ね上げようとしてはいけません。自然にまっすぐ着地をして、スッとまっすぐ抜けるだけでよいのです。

着地は足が自然と外向きになっている

足は回内して着地するので自然なラインとして足の方向は外向きになりますが、これも意識してつま先を外向きに着地する必要はありません。つま先はまっすぐ着地しても、くるぶし部分にある距骨が内側に倒れ込んで着地するからです。最初からガニ股で着地するわけではありません。

また離地の時もまっすぐ足裏を抜く感じでよいのです。拇指球で蹴り出す事を強く意識するあまり、足首が外側にねじれて離地するランナーも多い傾向にあります。

足の外旋・内旋は骨盤の動きと連動する

大切なのは骨盤から足は振り出されているという事です。ゆえに骨盤の動きに合わせて足は外旋、内旋を繰り返します。

膝が一番前に行ったあたりが外旋から内旋への切り替わりのポイント。骨盤の左右のラインがそのタイミングで切り替わるからです。

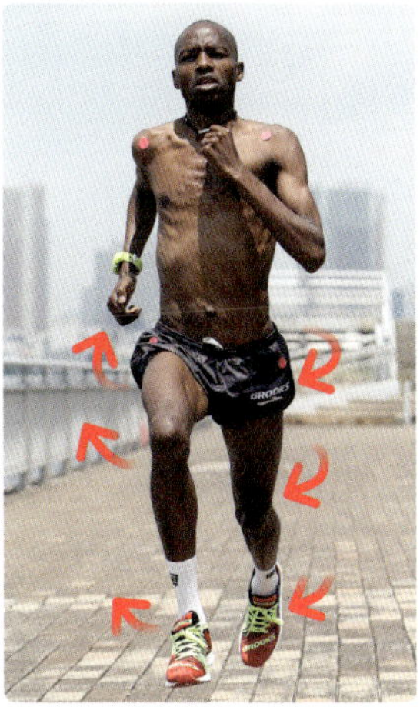

Check

効率よく走るためには、股関節から生まれるSSCのエネルギーが大切です。拇指球で蹴り出すような末端の力みにつながる足首の動きは全く必要ないという事を理解しましょう。足裏に優しく丁寧な接地だけ意識すればよいのです。

Column 3

ヤンキー座りができますか？

マラソンを走るのに必要な三つの要素のうち、ランニングエコノミーの向上にはランニングフォームの改善が大きく寄与します。正しい走りのイメージは大切です。そしてさらに走る効率性に大きく影響する要素として挙げたいのがふくらはぎの筋腱スティフネスの強さです。私が加齢にともない一番、注力しているものです。スティフネスとは剛性。これが有効に使えるかどうかでランニングはとても楽に速く走る事ができるようになります。走る前に「アキレス腱を伸ばす」という名目でストレッチをした事があると思いますが、伸ばされているのはアキレス腱ではありません。腱はほとんど伸び縮みしません。ストレッチで伸ばされているのはアキレス腱の上に付いている腓腹筋とヒラメ筋というふくらはぎの筋肉です。アキレス腱の剛性は鍛えてもさほど変わりませんから、筋腱スティフネスで重要なのはふくらはぎを構成する腓腹筋とヒラメ筋の剛性となります。

ところでヤンキー座りはできますか？　踵をちゃんと付けたままで完全にしゃがみ込む体勢です。足首が固い人は後ろに倒れるか、踵が浮いてしまいますよね。筋肉の硬さというと“動きの制限”や“機能の低下”などネガティブなイメージを持たれる方が多いと思います。「ああ、俺、足首固いんだよな…」とコンプレックスを抱いている人もいらっしゃるかと。しかしそう思う必要はありません。

日本式のしゃがむタイプの便器はかなり欧米の人にはキツいのだとか。足首が固いというのも、実は足首の関節包の可動域が狭い事と同じくらい、ふくらはぎの筋肉が固くて伸ばせない事による起因も多いのです。ケニア人の腓腹筋は短く小さく固いために、足首の可動域が狭いという研究報告もあります。実はヤンキー座りができるほどふくらはぎの筋肉が長く柔らかいのは、ランニングに関しては筋腱スティフネスを有効に使えず、デメリットとして働いてしまう可能性もあるのです。

第4章

地面のスピードに合わせた膝に優しい着地を獲得する

速く走り始めると地面はものすごいスピードで後方に流れ始めます。ジム施設でトレッドミルというベルトコンベア式のランニングマシンで走った事がある方はイメージしやすいでしょう。その時に重要になってくるのは地面の流れに沿って垂直方向にも水平方向にも足の相対スピードを限りなくゼロに近づけて着地する事です。速すぎても遅すぎてもいけません。前方に振り出された足は、一番身体から遠いところに着地しようとするとベルトの流れとは逆向きに接地する事になります。むやみにストライドをひろげる事は踵の角からの着地になり、膝が伸びて衝撃が吸収できずブレーキにもなってしまいます。地面の流れに合わせて着地するには自らの足も後ろに流れなくてはいけません。足の回転には一見、無駄な軌道にも見える振り戻しの局面があります。

POINT 22

着地手前の振り戻し動作が大切

フルマラソンでは着地動作が何万回と繰り返されます。当然その衝撃度合いによって後半の足の消耗度が大きく違ってきます。30km 以降に足がもどかしいほど動かなくなる感覚はフルマラソンを走ったランナーは誰でも経験するものですが、走るための筋肉疲労とともに着地衝撃に対しての蓄積が大きな原因となるのです。

振り戻し動作が着地衝撃を弱めてくれる大きな助けになる

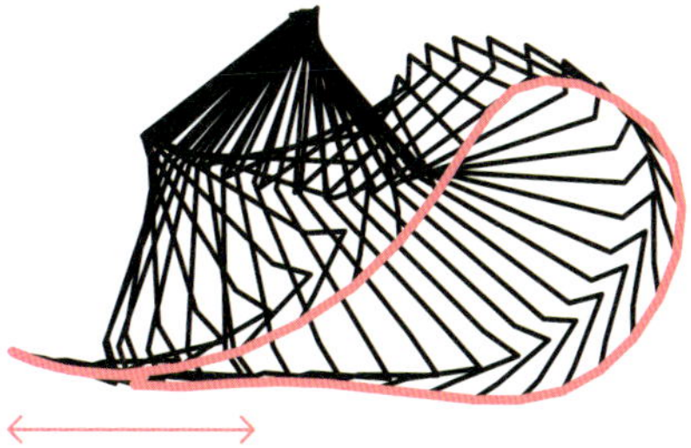

Y. Enomoto, M. Ae (2005)
A BIOMECHANICAL COMPARISON OF KENYAN AND JAPANESE ELITE LONG DISTANCE RUNNER'S TECHNIQUES.
Proceedings of ISB XXth Congress - ASB 29th Annual Meeting
July 31 - August 5, Cleveland, Ohio

この図はケニア人長距離ランナーの足の軌跡を示したものです。短距離走、長距離走どちらでも足は一旦前に振り出されてから振り戻されるような軌跡を描いて接地します。一見、無駄にも思える軌道ですが、この後ろに振り戻される動きが地面との速度差をなくし着地衝撃を弱める事により、足にとって優しい着地となるのです。

ケニア人のエリート選手は接地がとても丁寧かつ、上手です。強く地面を蹴らない、足を強く落とさない、強く振り戻さない。ものすごいスピードで走っていながらも「フワッと着地する」と形容してもよいでしょう。

ここが意識ズレポイント

振り戻さない前方着地は逆効果！

振り戻さずに前方に着地した方がストライドは伸びそうですが、それでは身体の重心から大きくズレてしまい、踵の角からの着地になりやすく、大きなブレーキが掛かってしまいます。

有効にSSCを使う事もできず、地面の反力をうまくもらえません。そして何より膝に強い負担が掛かります。

初心者のみならず多くのランナーがこの振り戻しの局面を雑にやってしまっている傾向があります。

Check

特に下り坂はスピードが出る上に、身体がそり返りやすくなるので振り戻し動作がうまくできずに過度な前方着地になる事が多いです。パタパタと大きな音を立ててしまっているランナーは膝が伸びて着地衝撃が強くなっています。下り坂こそ上から回す意識を持ちましょう（POINT11参照）。

POINT 23

膝下を振り出す スキップB意識を持たない

主に短距離走でやる動き作りに「スキップB」というドリルがあります。腿上げドリルで膝から先を意識的に素早く振り出して手前に引き戻す動作です。確かに外見的には走っている時に同じ動きになりますが、筋出力は全く違うものになります。振り出しや振り戻しは意識的にやるものではないのです。特に長距離走の時にはこの意識を持つべきではありません。

太腿をとめるから膝下は振り出されるという事

下記のグラフは股関節筋群がランニング中にどのように使われているかを筋電図で調べたものです。青い部分に注目して下さい。足が振り出される時は、本来ならば太腿が上がっているわけですから、腸腰筋と大腿直筋が大きく使われているはずです。しかし、実際にはそうではありません。すでに屈曲筋による太腿の腿上げは終了して、逆に前に出る膝下をとめようと、ハムストリングスなど伸展筋による伸張性収縮が起きているのです。太腿に掛かるブレーキによりやむを得ず膝下が振り出されているのです。足先を振り出す事を意識的にやると逆の筋出力になってしまいます。

膝から下を意識的に前に振り出したり、引き戻してはいけません。

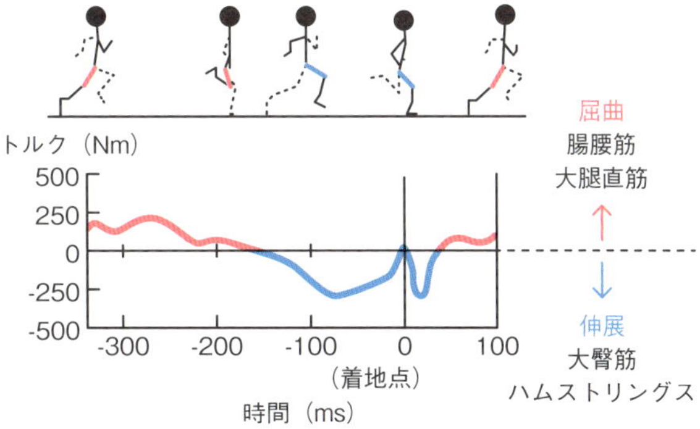

股関節の筋肉がどう使われているか／『短距離走の筋活動様式』（2000、体育學研究45（2）馬場崇豪・和田幸洋・伊藤章）および電子教材「スポーツバイオメカニクス（仰木裕嗣）を元に作成

足の動きはてこの原理と同じ

横沢さんが手に振っているのはCDのプラスティックケースです。これを手で振って、素早く停止させると、蝶番より下の部分が振り出されます。物理学でいう慣性の法則です。太腿をとめるから膝下が振り出されているのです。

Check

足の振り出しの時に、どう筋肉が使われているのかを実感するために、腿裏に触れながら歩いてみてください。着地前からハムストリングスが緊張してグッと張るのがわかると思います。前に振り出そうとしているのではなく、振り出されている膝下の部分をとめようとする筋肉の動きです。

POINT 24

膝を伸ばしたまま着地しない

トップの短距離走のランナーは洗練されたシザース動作ゆえに膝がほとんど曲がらないで着地するように見える事があります。そして長距離走の指導書でも「大腿四頭筋など足の筋肉を使ってしまうので、膝は曲げないで走りましょう」と書いてあるものもあります。しかし長距離走では、エリートランナーでさえ一人残らず膝はほどよく曲げて走っています。膝のクッションとバネは有効利用しましょう。

走行中の膝は常に曲がっている！

膝は曲がって着地し、着地衝撃でさらに曲がります。そして離地で股関節から地面を押し出した時に伸びようとしますが、前に勢いよく振り戻されるので、結果的に膝は曲がったまま足は回転していきます。

膝を無駄に固めたり、意識的に地面を蹴り返して伸ばそうとすると地面からの反力を最大限にもらえません。着地衝撃に身構えて膝をこわばらせなくても、着地した瞬間に膝は勝手に固まって自然に曲がります。この自然に曲がるというのがとても大切で地面からの反力を一番もらえます。そして力が抜けたリラックスした状態でないと足は速く回せません。

膝は曲げすぎるのもダメ

レッグランジといって大股で片足を振り出し深くしゃがみ込む筋トレ種目があります。その動作と同じく、膝を深く曲げすぎて走ると大腿四頭筋や大臀筋を大きく使う事になり大変疲れます。膝の沈み込み過ぎにも気をつけましょう。ストライドを無理にひろげようとしたり、ピッチが遅く体重があるランナーに多いです。

膝を深く曲げるレッグランジの動き

やってみよう！　一定のテンポでリバウンドジャンプ

膝はどれくらい曲がると一番、地面の反力をもらえて効率がいいのか。この感覚はリバウンドジャンプ（位置を変えずに真上に飛びあがるジャンプ動作）でつかむのが最適です。コツはジャンプのテンポを180歩／分以上で保つ事です。

Check

遅いランナーほど膝や足首の伸展角度の差が大きくなるのです。速いランナーは地面を押す力（伸展）と地面からの衝撃を吸収（屈曲）する力が釣り合い、膝や足首の角度はあまり変わらないのです。

POINT 25

着地時に素早く脛を前傾させる

長距離の日本人ランナーは脛をブンッと振り出して一旦、足をまっすぐにしてから戻すように着地する軌道を取る事が多いのです。ケニア人のエリート選手は動きに力みがなく、膝をまっすぐになるまで伸ばす事もありません。自然に振り出して脛を前傾させるように着地するため、重心への乗り込みがとても早いのです。

撮影：第61回全日本実業団対抗駅伝競走大会

脛が前傾した走り→無駄のない走りに

脛を前傾させる事によってランニングのアクセル筋であるハムストリングスと大臀筋を効率よく使えるようになります。また脛が前に倒れこむ事により無駄なジャンプ動作がなくなり、水平方向に足が回転して上下動が抑えられます。

脛が後傾した走り→足の回転が遅くなってしまう！

着地の時に脛が後傾していると、ブレーキ筋である大腿四頭筋や前脛筋が着地衝撃を吸収しようとして大きく活動します。また着地時に脛が後傾していると踵の角から着地する事になり、足の回転も遅くなってしまいます。

Check

脛を前傾させる事ばかり気にすると末端意識が大きくなりすぎる傾向があります。大切なのは力みなく膝から下をただ地面に置いて、身体の重心に乗り込んで、そして抜けていく事です。足先を振り出すようにすると力みが出て膝はロックするほどまっすぐになり、膝下が無駄な軌跡を通ります。

POINT 26

足の振り戻しは骨盤の切り替えで起きる

この章では、より優しい着地には地面とスピードを合わせる振り戻し動作が大切と繰り返し述べてきました。しかし振り戻し動作は自分で「さぁ、そろそろ地面だ、振り戻すぞ」と考えつつ、足先をコントロールしてやるものではありません。脳は地面との距離を視覚でとらえて足は自然に着地に備えます。正しい骨盤の動きにともない足は無意識に振り戻されるのです。

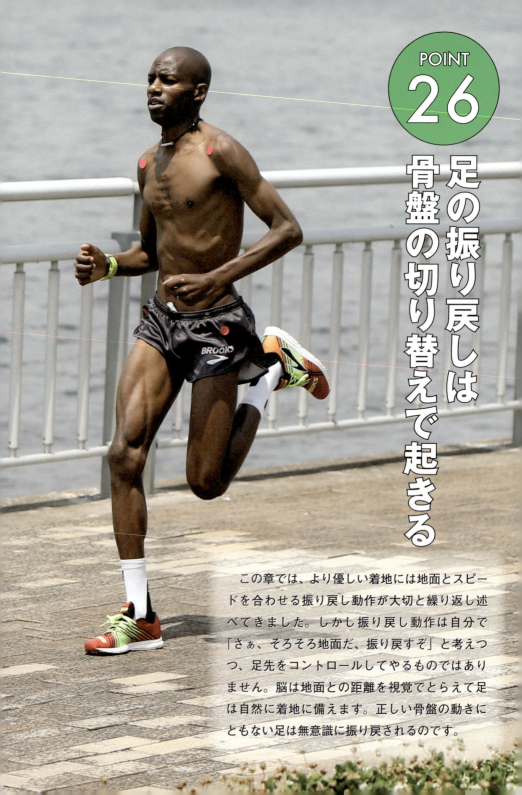

骨盤の左右の動きと足先の動きは連動している

①右の上肢帯（肩甲骨、鎖骨）と右の骨盤が前に出て、上半身の右側のラインが前進します。それにともない右遊脚が前に振り出され始めます。

②右遊脚の膝が前に出たあたりで、今度は左の上肢帯と左の骨盤で形成される体幹の左側のラインが前に出始めます。ゆえに骨盤の右側は前進がとまり、右足も膝下は振り出されながら後ろに戻るような軌道を取る事になります。

③右足が振り戻されて地面の流れに沿って着地する直前です。左の体幹のラインが完全に前に出て今度は左遊脚が前に振り出され始めます。つまり骨盤から足はワンテンポずれて前に送り出されています。

④今度は左遊脚の膝が前に出たあたりで右の上肢帯と右の骨盤で形成される体幹の右側のラインが前に出始めます。ゆえに骨盤の左側は前進がとまり、左足も膝下は振り出されながら後ろに戻るような軌道を取り着地する事になります。

\ 横沢さんの走りを上から観察！ /

※ランナーの感覚はPOINT 6で説明したものになります。

Check

一連の動きを見てわかるように、ランニングは大元にある骨盤が正しく動いていなければ、末端である足先も正しく振り戻しの動作をしてくれないという事です。末端の足先だけ意識してぎこちない動きになってはいけません。

POINT
27

膝が不安定なランナーは外に張る

膝の度重なる故障はランナーでも悩みの種です。その多くは、着地位置の修正とクッションとなる筋肉の補強をしてあげるだけでかなりよくなります。しかし膝が着地時にブレて内側に入り込みすぎている場合は、膝下は逆に外側に回るように振り出されるため、膝部分にねじれが起きやすくなってしまうので気をつけましょう。

がに股とは違います

筋トレの時に膝が安定するのは外に張った時

筋トレ種目のスクワットは、足を伸ばす時に足首の向きと同じ方向に膝を外に張る事によって膝が安定します。膝を内側に入れた方が力が入れやすいと感じる人もいるようですが、靭帯を伸ばしやすいので注意してください。レッグランジでも膝が内側に入らないようにしましょう。まっすぐか、少し外側に張るのがポイントです。

レッグランジ

スクワット

膝は内側、足は外向きで走るのはNG！

一番よくないのは、膝が内側に入り込み、足首は外側を向いてしまうニーイン・トゥアウトという状態になる事です。疲れてくるとこのような形で歩いたり走ってしまう人は多いのです。ニーイン・トゥアウトは、概して骨盤がちゃんと動いていない人に多くみられます。

筋トレで膝のクッションを強化しよう

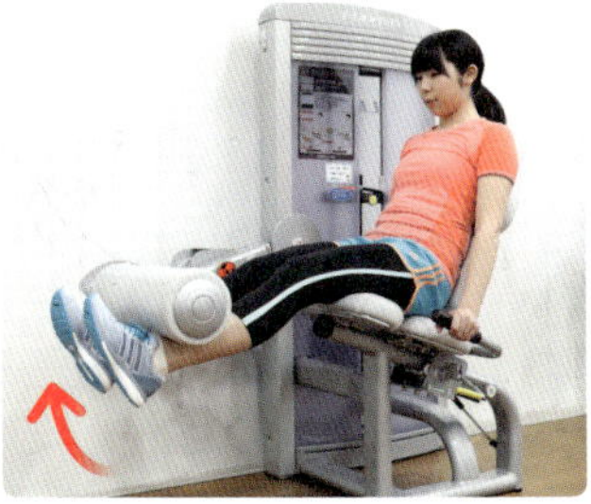

膝の痛みを防止するには、サプリを飲んだり湿布をするより筋トレが一番効果があります。膝周辺の筋群を強化する事により膝のクッションがより効果的に機能するようになります。オススメはレッグエクステンション。スクワットより膝の安定に大切な大腿四頭筋のひとつ、内側《ないそく》広筋を集中して鍛える事ができます。

Check

足首の回内動作と同じく、膝もまた回内して着地衝撃を吸収します。つまり内側に入り込むように着地するのは極めて自然な事なのです。しかし更に内側に膝を入れ込むような動作はしてはいけません。やや膝を張る意識を持つ事によって大腿四頭筋にスイッチが入り、膝折れを防止する事ができます。

Column 4

ランニングエコノミー改善のススメ

（Column 3からの続きです）

本来の筋活動は腱の長さは変わらず、筋肉が収縮して関節が動きます。しかしランニングの着地時でふくらはぎの筋肉が瞬間的にアキレス腱より固くなる事で、アキレス腱が伸び縮みするような現象が起きます。これがストレッチショートニングサイクル（SSC＝伸張-短縮サイクル）による弾性エネルギーの有効利用につながります。SSCでは強くかつ速く伸張された筋と腱がその弾性エネルギーと筋肉の伸張反射作用により、普通の筋活動より瞬間的に、強い力が発揮されるようになるのです。腓腹筋とアキレス腱の伸張において、腱の伸張が70％以上をも占めるようになるという研究報告もあります。そして消費するエネルギーも少なくてすみます。つまり楽に速く走れる魔法のシステムです。これを初心者ランナーは使う事ができていないために、重たい足をひぃこら前に動かし、筋肉で蹴って走り「キツい。苦しい。みんな、こんなのようやるな～」という気持ちしか抱けず、走るのをやめていってしまうのです。

「ふくらはぎの筋肉を硬くする」

こう書くと「なるほど、鍛えて硬くすればいいのか！」と早合点してしまいますが、隆々とした筋肥大、俗にいうダイヤモンドカーフは目指すところではありません。確かに筋断面積が大きいほど筋力は高くなります。また筋の長さが長いほど収縮速度が速くなります。しかしこの筋肉の太さや硬さは能動的な筋出力の場合です。着地衝撃に対して瞬間的でダイナミックな伸張収縮反応は生み出せない上に、膝下の末端部分が重くなって、走るには不利になってしまいます。

膝下が長く、腓腹筋が短い人は小躍りして喜んでいいかもしれません。ケニア人を始めアフリカ系の選手のふくらはぎは一様に細く小さく硬い。変形しにくい一方、アキレス腱が長いために弾性エネルギーをとても有効利用しやすいと言われています。彼らはふくらはぎの筋収縮をあまり使わず、主にアキレス腱のバネで走っているのです。

第 5 章

足の回転を効率よくする先取り感覚を磨く

ストライドとピッチは相関関係にあり、ストライドをひろげるのに注力すると足の回転が間延びしたものになり、ピッチは落ちてしまいます。またピッチを上げる事に意識を持ち過ぎると小刻みな走りになりストライドが落ちてしまいます。ゆえに本書ではピッチ走法、ストライド走法という分け方をしません。基本的に速いランナーはピッチもストライドもハイレベルな傾向があります。

SSC を最大限に受け取るには180歩 / 分以上がひとつの基準となるでしょう。ピッチが元々高いランナーは「自分は走る素質がある」と思ってもいいかもしれません。長距離走の練習では「もっとピッチを上げて！」とは言われても、「もっとストライドをひろげて！」という掛け声はあまり聞きません。そして足の回転を速くするには今、足がやっている動作の一歩先をいく「先取り感覚」が必要です。

POINT 28

足を後ろ向きに伸ばす意識は不必要

ランニング雑誌や広告などでよく見かける、後ろ足がピンと伸びたフォーム。かっこよく見えてつい真似したくなると思いますが、後ろ足を伸ばすイメージで走ってはいけません。速い選手は足を後ろに伸ばそうとして走っているわけではありません。後ろ足を伸ばそうとすると足の回転スピードが落ちてしまいます。また後ろ足を離地ギリギリまで残す事＝後ろに蹴っている時間が長いので速くなると思うのも間違いです。

足首に無駄な力を入れない事が大切

　後ろに蹴り出して走ろうとすると無駄な力みが足首など末端に掛かり、せっかく股関節周りで生み出したSSCのエネルギーを地面に効率よく伝えられない事になります。足首には一切力はいりません。サイラスさんの足首はほとんど力が入っておらず、膝下の筋肉を使っていないため、足首で蹴り出す事もしていません。そのため、足首の角度もほぼ90度を保っています。

腸腰筋を伸ばす意識は走りの推進力にならない

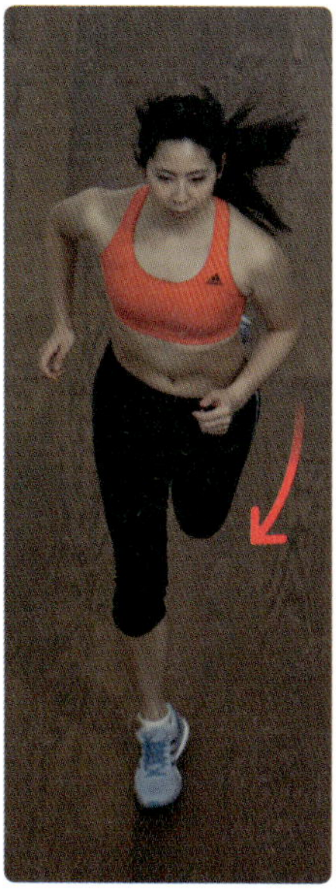

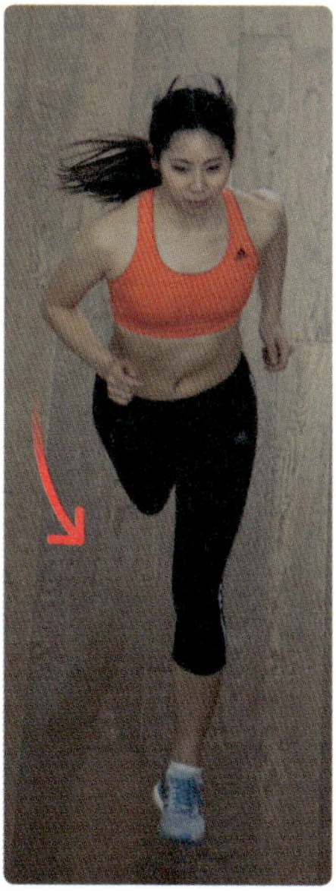

　筋肉に意識を向けてみましょう。離地した時に骨盤はすでに切り替わり、前側に足は引き出され始めています。その時点で後ろに腸腰筋を伸ばしてストレッチしているのではタイミング的に遅いのです。これは推進力に全く寄与していない時間になります。腸腰筋は大きく伸ばすから強く縮むわけではないのです。伸びようとしている後ろ足をいち早く前に戻すために強力な伸張性収縮が起きていなくてはいけません。筋肉は縮むのが仕事です。伸ばそうとする意識は意味がないのです。

Check

正しいランニングの感覚は、着地した衝撃で膝が曲がった状態のまま、後ろに流れようとする足に抗い前に戻す意識のみです。つまり膝は走っている全局面で一切、後ろに向かわせるイメージは持つべきではありません。

POINT 29

腸腰筋で誤解されている事は多い

ケニア人のエリート選手は股関節筋群が強く、そしてしなやかで離地後に後ろに大きく足が伸びます。それに対して「後ろに足を送り出して腸腰筋を引き伸ばし、その反動で素早く前にスイングしている」と言われていますが、それは大きな誤解です。筋肉はそもそもゴムやバネのように大きく引き伸ばされたらバチンッと縮む性質のものではありません。

足は後ろに伸ばすより、前にすぐ戻す意識を持とう

SSCの動作は「伸張-短縮サイクル」と言いつつも伸ばす意識を持ってはいけません。あくまで短縮性収縮（縮んで力を出すこと）、つまり着地したらすぐに足を前に戻すイメージだけを持っていればよいのです。筋トレでアームカールをする時に肘を伸ばせば伸ばすほど、ダンベルを上げるのに力が増す事はないのと同じ理屈です。かえって関節の角度がひろがりすぎると縮めるのに余計な力を使ってしまいます。速度域が上がれば否が応でも股関節は大きく伸展する事になるので、後ろ向きに足を伸ばす必要はありません。

腸腰筋のスイッチを入れるタイミングは？

腸腰筋はどのタイミングで使われるかというと、遊脚を前方に戻すスイング期前半に対して寄与します。インナーマッスルなので強い力ではなく、あくまでキッカケで瞬間的な力です。股関節群の主な屈曲筋は腸腰筋と大腿直筋ですが、その違いは見た目で言うと単関節筋である腸腰筋が主体に使われてると膝下は引っ張られず、右写真のサイラスさんの左足のように大きく跳ね上がります。膝下が折り畳まれて前に出るようになるのです。

一方、大腿直筋が主体になるとスイング後半で腿上げのように振り上げるような動きになります。大腿直筋はアウターマッスルなのでゆっくりと大きな力を維持するのに適した筋肉です。また膝下の脛骨までつながる二関節筋なので膝下は吊られて前に出ます。

Check

POINT11で説明した「上から回す意識」を持って走ると腸腰筋が使われやすくなります。振り子のように下で足を振る意識だと、大腿直筋が使われやすくなるので、足が低い位置でスイングする軌道になりがちです。

POINT 30

長距離ランナーはそこまで腸腰筋は発達していない

短距離走の選手の MRI（核磁気共鳴画像法）で撮った胴体の輪切り画像で腸腰筋のひとつ、大腰筋が大きく発達している事がわかり、走る事に重要な筋肉として一躍脚光を浴びましたが、実は長距離走の選手はそこまで発達していません。なぜかというと大腰筋はお辞儀をする時に大きく使われます。クラウチングスタートから加速局面の大きく前傾した姿勢を維持するから、短距離走で腸腰筋は発達するのです。ほとんどが等速局面で上半身があまり前傾しない長距離走では腸腰筋は足を振り出すキッカケとして使われる程度です。

短距離選手の腸腰筋を見てみると…

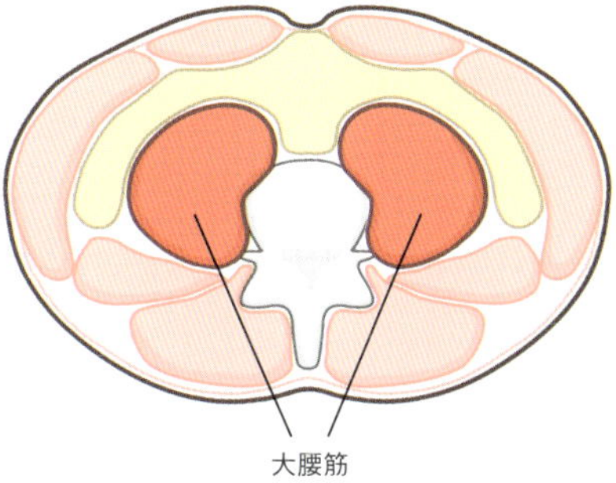

元100mの世界記録保持者アサハ・パウエル選手の胴体を輪切りにCTスキャンをかけるとものすごく太い筋肉が胴体のほぼ中央に表れました。大腰筋です。日本の短距離選手も調べると一般人より大腰筋が大きく発達していました。その事から速く走るには腸腰筋が大きく寄与しているように言われるようになりました。

人間が長時間歩く事ができるのはなぜ？

腕立て伏せを30分続けるのは筋肉が疲労してしまって無理ですよね？　同じく筋肉をしっかり使うスクワットも30分はキツいです。しかし人間は30分ほどでしたら楽に歩き続けられます。長時間ずっと歩いていられるのは筋肉をあまり使っていないからです。長時間の移動は動物にとって生命線。その筋活動は他のものより楽にできるようになっています。腸腰筋の小さな収縮をきっかけとして、股関節と膝で二重振り子のように前に足を振り出す事によって人間はずっと歩き続けられるのです。

マラソンでも腸腰筋を実はそこまで使わない

なるべく筋肉を使わない。これが人間の移動に対する極意です。ランニングも同じく二重振り子を使って前に振り戻しているために腸腰筋もそこまで力を使っていないのです。あくまでキッカケ筋です。では腸腰筋を使えるようにするにはどうするか。ひとつは真下着地の意識です。ふたつめは着地したらすぐに前に戻そうとする事です。後ろに伸ばす意識は不必要です。

Check

腸腰筋信者の方には腑に落ちない話かもしれません。しかしフルマラソンを走りきって腸腰筋が筋肉痛になっているランナーを見た事がありません。そんなに足を振り出すのに重要な筋肉だったら、ゴール後にお腹を押さえてうずくまってる人がたくさんいてもおかしくない話だと思いませんか？

POINT 31

初心者と上級者の接地時間は違う

多くの市民ランナーの走りは小さくまとまっています。足が前後にあまり開かず、足は低い位置で小さく前後します。速いランナーほど走動作がダイナミックで前や後ろに大きく足がひろがります。かといって無駄なエネルギーを消費しているわけではありません。彼らは楽に走っているのです。地面に接地している時間は上級者になると短くなっていきます。

初心者は無駄に筋肉で走っている

市民ランナーとエリートランナーの筋肉を比較すると、実は市民ランナーの方が筋力そのものは上回っているという研究報告は多いのです。つまりエリートランナーの速さは「筋肉によるものではない」という事になります。初心者ランナーの共通点は身体の芯で地面反力を受け取れずに、前後左右上下のブレが大きく、接地時間が長い、いわゆるランニングエコノミーが低いのが特徴です。

ここが意識ズレポイント

「大きく走る＝速くなる」は誤解！

速いランナーは、SSC を使って瞬間的に地面にトラクションを伝えます。地面に接地している時間は上級者になるほど短くなっていきます。それは地面を瞬間的にポーンと強く押せているからです。誤解してはいけないのは「強く押せているから、そしてそれ以外の局面ではリラックスしているから走りが大きくなっている」という事で「無理して大きく走ると速くなる」のではないという事です。速いランナーが後ろ足が大きく跳ね上がっているのを見て真似したとしても速くはなりません。彼らは速く走った結果、脱力した足が大きく跳ね上がっているのです。

上級者は接地時間が短い傾向にある

足を後ろに蹴り続ける方がトラクションをずっと地面に伝え続けられるという事ではありません。上級者ほど後ろに伸ばすようには蹴っていないのです。「接地時間が短い＝速くなる」の方程式は完全に成り立つわけではありませんが、かなり相関関係があります。

Check

足を後ろに蹴る事や残す事を意識すると、アキレス腱や足底筋膜を無理に引き伸ばし続けるので傷める可能性があります。そして離地を遅らせる事は単に足の回転を遅くするだけです。

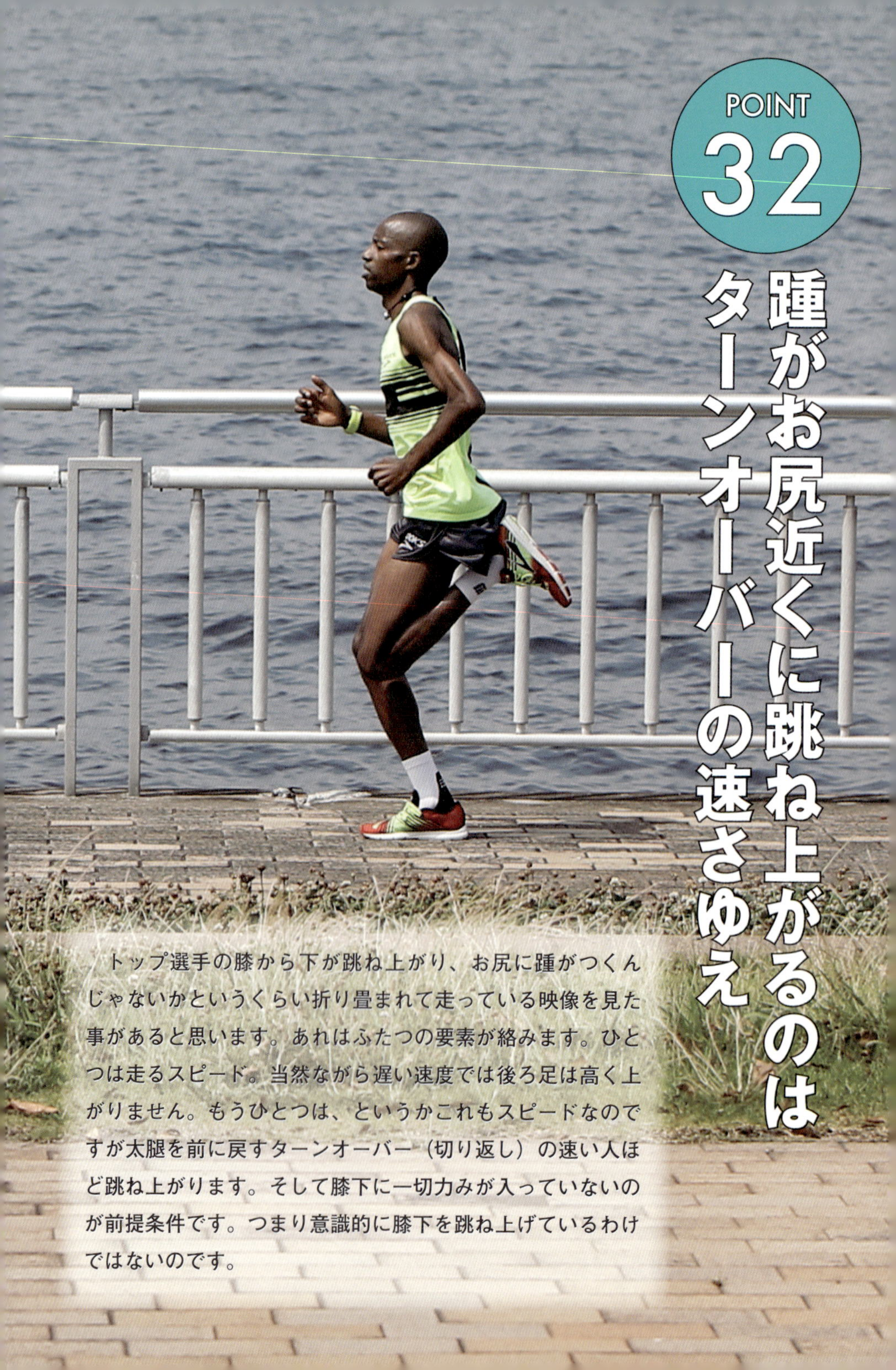

POINT 32

踵がお尻近くに跳ね上がるのは ターンオーバーの速さゆえ

トップ選手の膝から下が跳ね上がり、お尻に踵がつくんじゃないかというくらい折り畳まれて走っている映像を見た事があると思います。あれはふたつの要素が絡みます。ひとつは走るスピード。当然ながら遅い速度では後ろ足は高く上がりません。もうひとつは、というかこれもスピードなのですが太腿を前に戻すターンオーバー（切り返し）の速い人ほど跳ね上がります。そして膝下に一切力みが入っていないのが前提条件です。つまり意識的に膝下を跳ね上げているわけではないのです。

ここが意識ズレポイント

速いランナーほどハムストリングスを使わない？

膝の屈曲筋はハムストリングスですが、膝下を持ち上げようとしてハムストリングスを使っても速く走れません。速いランナーは足が後ろに跳ね上がっている時に一切ハムストリングスを使ってはいないのです。

離地した遊脚をすばやく前に戻すと膝から下はブンッと後ろに跳ね上がります。物理学でいう慣性の法則が働くのです。

足裏で地面を蹴ろうとしない

前方に足を振り戻すターンオーバーは、足の離地後に始めても遅いのです。速いランナーは離地する前から骨盤の切り替えが始まり、足裏は地面を蹴りません。

＼サイラスさんのドリルをチェック！／

サイラスさんのドリルを見ると、前側への振り上げ動作の反復が多い事に気づきます。対して後ろへの跳ね上げ動作はありません。後ろに蹴り出すのではなく、前に出す意識が強い事がわかります。

Check

後ろへ足が跳ね上がる動きは、腸腰筋スイッチにより太腿が前方へ向かう動きによって受動的に引き起こされます。跳ね上がるのがかっこいいからといって、意識してハムストリングスに力を入れて膝下を上げても速く走れません。

POINT 33

腿上げの意識は着地の時に一瞬だけ

腿上げといわれる筋トレを兼ねたドリルがあります。このトレーニングは、大腿四頭筋や腸腰筋を鍛えるといわれています。それ自体の効果はさておき、実際のランニングでは腿上げと同じタイミングで太腿を上に上げる意識を持ってはいけません。「膝を上げるようにしましょう」とか「膝を前に出しましょう」と指導される事も多いですが、無駄に滞空時間を多くしてしまうだけで速くなりません。かえって足の回転がゆっくりになってしまいます。

ここが意識ズレポイント

膝が上がった時に腿上げしても遅い

POINT23でも触れたグラフで確認してみましょう。赤い部分に注目して下さい。股関節の屈曲筋である腸腰筋や大腿直筋は身体の後ろにある時に活動しています。膝が前に出ている時点でさらに腿上げをしようと大腿四頭筋に力を入れ続けるのは間違いです。

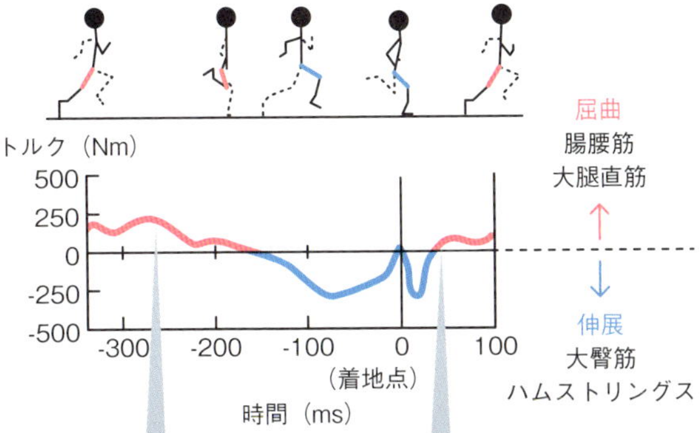

股関節の筋肉がどう使われているか／『短距離走の筋活動様式』（2000、体育學研究45（2）馬場崇豪・和田幸洋・伊藤章）および電子教材「スポーツバイオメカニクス（仰木裕嗣）を元に作成

左記のグラフをサイラスさんの写真に照らし合わせてみましょう。右足で腿上げのスイッチが入るのは右足が着地して重心に乗った時です①。そして屈曲パワーが最大になるのが右足が離地した時です②。つまり右ページにあるような膝が高く上がった時に腿上げを開始しては遅いのです。

「腿を高く上げる＝速く走れる」は間違い

遅い選手はタイミングのズレた腿上げの意識を持っているために足の回転軌道に無駄が生じます。「膝を高く上げてから落とす事によって、位置エネルギーが大きくなり速く走れる」という説明は全く間違っています。大切なのは空中にある足をとにかく速く前に回転させて地面に戻してあげる事なのです。

Check

「着地した足はとにかく早く地面に戻す」という意識で走ってみましょう。そのタイミングこそ筋トレとしての腿上げが効果を発揮します。そしてゆっくりしたジョグよりスピードを出したランニングの時に有効です。

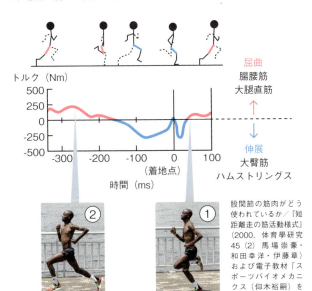

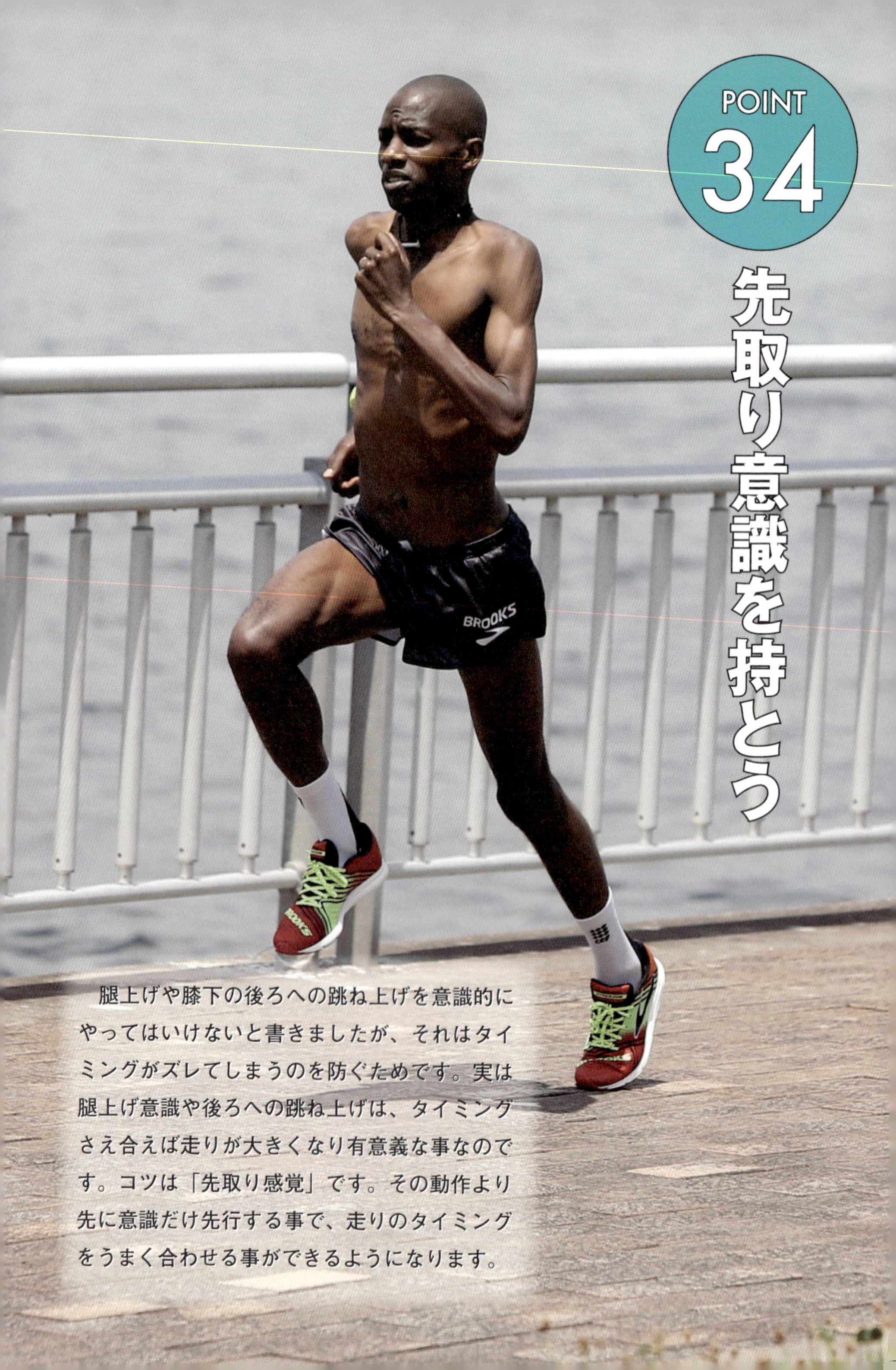

POINT 34

先取り意識を持とう

腿上げや膝下の後ろへの跳ね上げを意識的にやってはいけないと書きましたが、それはタイミングがズレてしまうのを防ぐためです。実は腿上げ意識や後ろへの跳ね上げは、タイミングさえ合えば走りが大きくなり有意義な事なのです。コツは「先取り感覚」です。その動作より先に意識だけ先行する事で、走りのタイミングをうまく合わせる事ができるようになります。

腿上げのベストタイミングは？

重心に乗り込んだ時がベスト

膝が前に出てからでは遅い

膝が前に出てから腿上げをやろうとすると無駄な軌道になります。着地して重心が乗り込んだ時に先取り意識を持ち、一瞬だけやるのです。そうすると腸腰筋にうまく刺激を与える事ができ、前にグンッと膝が進みます(POINT11も同じ理屈です)。

ターンオーバーのベストタイミングは？

重心に乗り込んだ時がベスト

離地してからでは遅い

膝下の後ろへの跳ね上げは太腿のターンオーバー（切り返し）が速い事が重要と書きましたが、これも離地してから「よし、前にすぐ戻すぞ！」と力んでも遅いのです。ターンオーバーのタイミングも着地して重心に乗り込んだ瞬間です。その時に強く前に戻す感覚を入れると膝下は大きく跳ね上がります。もちろん、膝や足首の力が抜けている事が前提です。

Check

要するに接地した瞬間から身体の重心に乗り込むまでの筋活動がランニングにおいて大変重要であることがわかります。先取り意識によって、一歩一歩の動作が早くなりギクシャクした動きにならないようになります。意識はパフォーマンスを向上させるのです。

Column 5

霜降り牛肉は美味しいけれど…

（Column 4からの続きです）

我々、一般市民ランナーがふくらはぎの筋腱スティフネスを獲得したい場合、どうすればよいでしょう。まず第一に挙げたいのは正しい走りのイメージを持つ事です。腓腹筋やヒラメ筋は主に足首を動かす筋肉ですから足首で蹴って走っている限り、筋腱スティフネスは利用できません。次に基礎の筋力トレを行う事。SSC（伸張 - 短縮サイクル）を改善するトレーニングとしてはプライオメトリクスが挙げられます。簡単なイメージとしては、ジャンプを繰り返すという事です。リバウンドジャンプや片足で行うケンケンなどがあり、雨が降った時に軒下でも行えるような、場所も時間も取らない簡単なものですが、一方、伸張性筋収縮で急減速し、切り返して短縮性収縮で急加速という筋活動が基本となるので、外見に比べてはるかに筋肉や腱への負荷が高くなります。

特に中高年になって遅くから走り始めた人、学生時代にスポーツの部活をやっていたけれど、長年運動をしなかった人は「昔とった杵柄！」とばかりに勢いをつけて何度も行わないでください。故障の引き金となりかねません。プライオメトリクス系のトレーニングは、芝生や土の道で行う事をお薦めします。故障の危険性を下げるだけでなく、筋腱スティフネスは柔らかいサーフェイスの方が効果的に高められます。もちろん普段のランニングにも、クロスカントリー走をメニューに入れられるなら、それに越した事はありません。

若者に比べると中高年は筋肉の安静時、そして収縮させた時も筋硬度が低くなっています。理由は加齢により筋肉内の脂肪や結合組織といった、収縮に関与しない物質の増加です。牛肉の赤身と霜降りをイメージしてください。筋繊維が太く強靭、かつ弾力がある赤身のみの若者に対して、中高年の筋肉はふにゃふにゃで霜降りである事が多いために筋腱スティフネスの効率が著しく落ちてしまうのです。

まず基礎の筋トレによって神経・筋機能のポテンシャルを十分に高めた上で、プライオメトリクスや速いランニングへと移行する事が、安全性と効果の両面からみて重要と思われます。すき焼きやステーキでは霜降りの方が喜ばれますが、ことランニングに関してはバサついた赤身の方がよろしいようです。

第 6 章

股関節筋群を使ったSSCで弾性エネルギーを狙う

本書でたびたび出てくるSSCというキーワードについて理解を深めましょう。SSCはストレッチ・ショートニング・サイクルの略で、筋肉が素早く伸張性収縮をした後の短縮性筋活動を意味します。主要なメカニズムは伸張反射ですが、腱の弾性エネルギーの蓄積と利用、予備緊張、ゴルジ腱反射に対する制御機構など複合的に関わっています。ほとんどのスポーツはSSCを最大限に活用しています。当然ランニングもその恩恵を受けています。しかし多くの初心者は身体の芯で地面反力を受け取る事ができず、かなりの弾性エネルギーを無駄にしています。「身体のバネ」というと「ふくらはぎの筋肉」と考えている方もいると思いますが違います。ケニア人のエリート選手こそあまりふくらはぎの筋肉は使っていないのです。そして大臀筋やハムストリングス、腸腰筋などの23からなる股関節筋群のダイナミックなSSCがランニングの効率を飛躍的に向上させる事になります。

POINT 35

SSCで弾性エネルギーを狙え

ジャンプの直前に一瞬しゃがみ込むとより高くジャンプできます。この動作がストレッチ・ショートニング・サイクルです（以下SSCと略します）。筋肉は強く素早く引き伸ばされた直後に、より強く収縮するという性質があります。ふくらはぎは着地衝撃を吸収しながら引き伸ばされて、弾性エネルギーを蓄えて離地に向かいます。つまりランニングとは、このSSCの連続と言えます。

SSCを活用する筋肉と腱のメカニズム

通常の筋活動(短縮性収縮)は、筋肉が柔らかく伸び縮みするように使われます。ゆえに腱は固いままです。SSCでは筋肉が固くなり、腱がバネのように使われます。

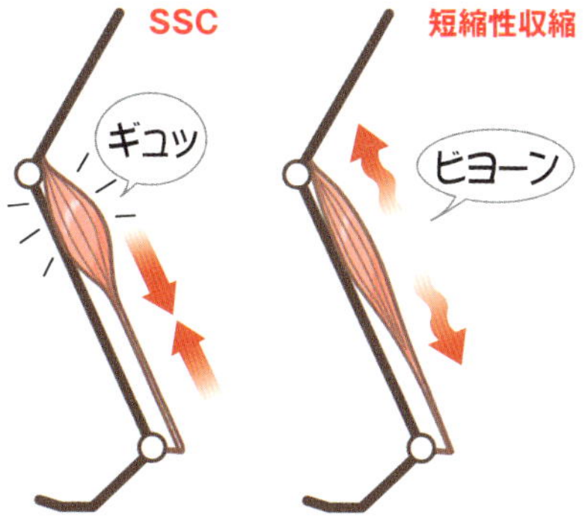

ジャンプが得意な動物はみな足が先端になるほど細く長い

バッタやカンガルーなどジャンプが得意な動物は、みな足が先端にいくほど細く長いです。ケニア人の選手は膝下が細く長く、その上、ふくらはぎの筋肉が短く小さいので腱より固くなると言われています。そしてアキレス腱が長いので、膝下全体をバネのように使えます。SSCを有効利用できる身体的特徴を持っているのです。

ポイントは、足首の角度を変えない事

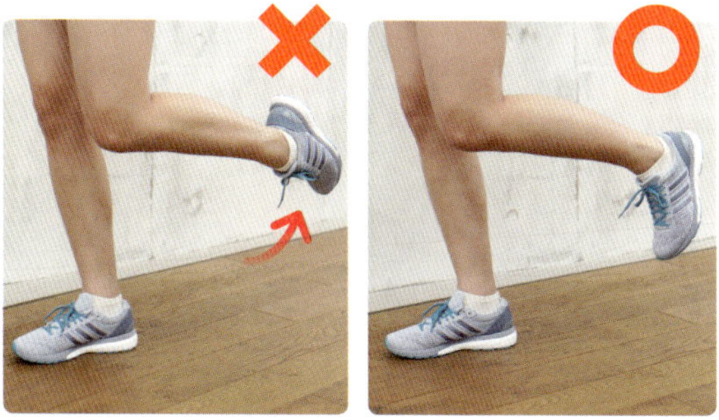

ふくらはぎでSSCを活用するには足首の角度が変わらないようにする事がポイント。地面からの反力をもらうには自分から足を蹴り出す必要も固める必要もありません。足首を動かして蹴り出してしまうと、SSCをうまく使えず地面反力をもらいにくくなります。

Check

同じく拇子球で蹴り出す動きは、余計な力を使っているせいで疲れてしまうし故障もしやすくなります。ケニア人のエリート選手の走りは、足を蹴り出す事もなく、膝から下は脱力しています。

POINT 36

ランニングにおいて人間は柔体と剛体を繰り返す

ランニングで片足が着地するたびに、地面から受ける反力は体重の3～5倍にもなると言われます。人間の身体は、この着地衝撃を吸収するために、背骨のS字構造や膝や足首の回内動作、ウインドラス機構などを備えています。よって着地する時には「柔体」になります。一方、跳躍する時には安定したジャンプができるように人間の身体は芯が通った1本の「剛体」となります。しかし剛体といっても余計な力は入っておらずリラックスしています。そうして地面反力を推進力に変換するのです。ランニング時に人間の身体はそのふたつの動作を自然に交互に繰り返しています。

トランポリンのジャンプの質は走る時と違う

トランポリンのように反発力があり着地面が柔らかいところでジャンプを繰り返す時は、身体を固い棒と考えた方がより高くジャンプできます。具体的に言えば、膝と足首は固めた方が高く跳べます。

トランポリンで自らの筋肉を動かし膝や足首を使って蹴ると高く跳べません。また脱力しすぎて膝や足首がぐにゃぐにゃでも跳べません。いずれにしても骨格の変形が大きいほど、跳び上がる力が逃げてしまいます。

走るときはショックアブソーバーが大切になる

ランニングを行う路面は基本的に固いので、着地時に身体が受ける衝撃を吸収させる「ショックアブソーバー機能」が必要になります。SSCの機能を引き出すためにも、股関節と膝関節の屈曲は必ずなくてはいけません。

Check

初心者ランナーは身体の芯の意識が乏しくいろんな方向に力が逃げて、柔体と剛体のコントロールができていません。まずは垂直方向に芯を意識してその場で連続ジャンプする事でブレない身体意識を持ちましょう。次に水平方向にジャンプ移動してふらつきや横ブレが起きないように練習しましょう。

POINT 37

一旦、着地で沈んで蹴り上げる動作は最小限に

ピッチが180歩 / 分より下がると、大きな沈み込み動作が表れてしまいます。この沈み込み動作がランニングの効率を著しく下げます。疑問に思った方は60歩／分と180歩／分でその場ジャンプをしてみてください。前者（1秒間に1回）の方がジャンプしている回数は少ないのに疲れるはずです。それはSSCを利用できず筋肉の短縮性収縮のみでジャンプしなくてはいけなくなるからです。

沈み込み動作になりやすいNGフォーム

①前傾のフォームで後ろに足が流れている

前傾姿勢が大きいと後ろに足が流れるようになります。これも支持脚の沈み込みを誘発します。身体の重心が着地ポイントとズレて地面の反力をもらいにくい上に、間延びした走りになります。

②主に足首や膝を使って走っている

遅いランナーほど末端である膝やふくらはぎ、足首を蹴ろうと力んでしまっています。身体のバネは足首や膝を使うのではなく股関節で作るのです。「腰高で走った方がいい」という意識からなのか、姿勢をよくしようと背筋を伸ばすあまり腰まで伸びてしまい、股関節をあまり曲げないで走っている人を見かけます。それでも膝は曲がるので結果的には沈み込み動作が出てしまっています。

Check

POINT10に書いたシザースドリルは、足が後ろに流れる動きを矯正するためのドリルとして知られていますが、支持脚の不必要な膝の屈曲を防止してくれるドリルでもあります。沈み込み動作を防ぐためにも、練習に取り入れてみましょう。

シザースドリル

POINT 38

膝より下はただ置きにいくだけ

1990年代、バイオメカニクスの研究で短距離走動作を比較したところ、カール・ルイス選手など世界一流の選手は日本の選手に比べて膝や足首の角度が変わらず、またその動きも遅い事がわかったのです。それに対して現場では「膝や足首が動いていないのは固めているからだ。地面に負けないように固めて走ろう」という指導がなされました。しかし筋電図のデータは違う結論を導き出していました。

ケニア人と日本人のランニング動作を比べると…

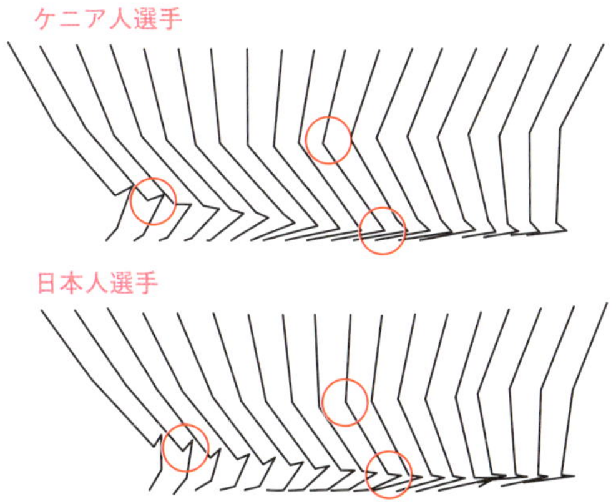

『ケニア人長距離選手の生理学的・バイオメカニクス的特徴の究明 ～日本人長距離選手の強化方策を探る～』（榎本靖士）より転載・加工

こちらの図は日本人選手のランニング動作とケニア人選手の比較です。ケニア人選手の方が深い屈曲でタメを作り大臀筋や大腿筋など大きな筋肉を使っています。そして膝は全局面で日本人選手より曲がっています。日本人選手は膝下で蹴り出して、股関節筋群を上手く使えていないのです。

ここが意識ズレポイント

足を固めて走っていませんか？

陸上競技では、「着地衝撃に負けないように足首を固めて、地面からの反力をもらいましょう」と指導される事があります。しかし、固定してはいけません。「足首の固定＝ふくらはぎを固める」事につながります。ケニア人ランナーの筋電図を調べると足首や膝に予備緊張はなく、事前に足首や膝を固めていない事を示しています。ではなぜ彼らの膝や足首の角度は変わらないのでしょう。世界一流の選手は地面を蹴っていないのです。つまり彼らは足首や膝には一切力を入れず、股関節の屈曲と伸展のトルクで走っているのです。

Check

膝から下はただ置いているだけと書くと、そんな力を抜いて走っても速くないんじゃないか？　と反論されそうですが、巧緻性とは力の単純化なのです。「股関節筋群のパワー ＞ 股関節筋群＋ふくらはぎ＋足首の合計パワー」の図式が成り立つのが、人間の身体の不思議なところです。

POINT 39 ジャンプは股関節の屈曲伸展が重要

なぜ一旦屈んでからジャンプすると、より高く跳べるのでしょう。筋肉は瞬時に引き伸ばされると反射的に縮もうとする性質があります。そこが伸びれば伸びるほど収縮エネルギーを増すゴムやバネと違うところです。

最大筋出力を引き出すジャンプ動作とは

○　着地により一旦身体が沈みこむ反動動作によって最大筋出力を引き出す事ができます。

×　膝や足首を固めたり地面を蹴り出してはいけません。大臀筋やハムストリングの深い屈曲伸張を引き出せず、膝から先でジャンプするようになってしまいます。

着地時は脱力し脊髄反射を利用する

SSCが発揮されるのは、予備動作でお尻やハムストリングスの筋肉が腰を落として伸張した状態から、すぐに収縮に転じる瞬間に発揮されます。そうしないと体重落下の運動エネルギーに負けて尻餅をついてしまうからです。すばやい切り替えに脊髄反射が利用されます。事前の反動を効率よく再利用する事によって、単純なジャンプ動作よりもエネルギー消費を抑える事もできるのです。

撮影：第61回全日本実業団対抗駅伝競走大会

Check

筋肉が最大筋力を発揮するまでには0.3～0.4秒ほどかかります。SSCにおいて屈んだ反動動作の段階で、すでに筋肉が収縮を始めているから、上に跳ぶ時にタイミングよく最大筋力を出力する事が可能になるという事なのです。つまり、重要なのは事前の股関節筋群のSSCによる反動です。

POINT 40

着地した足はただ地面を真下に押す

地面からの反力を有効利用する事がランニングにおいて最も重要といっても過言ではありません。その時に気をつけるべきなのは、地球の重力は地球の中心に向かっているという事。つまり地面からの反力もまた垂直方向にしか返りません。斜めに蹴ったり横に地面を掃くような動作、いつまでも足裏を後ろに蹴り出してトルクを掛けるような意識は無意味だという事です。

速いランナーは地面を真下にのみ押している

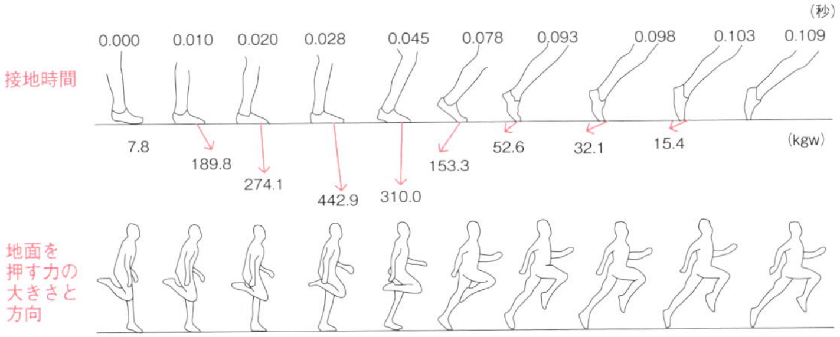

リロイ・バレル選手の疾走中の地面を押す力の大きさと方向／『体育の科学』Vol.42(6),1992（福岡正信「陸上競技とスポーツ用具」）より引用

この図をご覧ください。これは100mで世界記録を2度出したリロイ・バレル選手が疾走中に地面を押す力の大きさと方向を示した図です。一目瞭然ですがバレル選手は重心直下で地面を真下に押す力が最大になっています。ほとんど後ろに向かってつま先で蹴っていません。

後ろに向かって蹴ると、地面の力を有効利用できない

着地した足を後ろに向かって蹴ろうとしたり、後ろに向かってホウキで掃くような動きは無駄に接地時間を長くしてしまいます。

重いものも、地面を真下に押す方が楽に持ち上がる

ウエイトトレーニングで足を地面に押す動作に近いのはスクワットかレッグプレス、足を後ろに掃く動作に近いのはレッグカールでしょうか。はるかにスクワットの方が重い重量を扱う事ができます。つまり大きな力を地面に伝えられます。

スクワット

レッグカール

Check

真下に押して走る感覚を身につけるのに一番いいのは砂浜で走ってみる事です。後ろに蹴って走っていたら砂が高く舞い上がりあまり前に進まないでしょう。同じくウッドチップや細かい砂利が敷かれた公園の広場でも植えつける事ができます。

POINT 41

股関節のスイング速度と足のスイング速度を近づける

マンガでは走る動作を「足が自動車のタイヤのように回っている」ように描く事があります。実はランニングはその感覚が正しいのかもしれません。スムーズに足を回転させてあげる事で、走る効率は上がります。ランニングとは足を前後に振り回したり上下にジャンプするのではなく、足を速く回転させてあげる運動なのです。

角度の変わらない足をスムーズに回していく

右ページから左ページにかけてのサイラスさんの支持脚の膝の角度、そして足首の角度がほとんど変わらない事に注目してください。

足を回すのは股関節であって、膝や足首ではありません。大きな股関節筋群から始動し、末端部の脱力によって高いスピードを獲得できるのです。

膝の角度が大きく変わっている走り方

使わない筋肉は脱力する事で、より速く足を回転させられる

足首や膝を固めているのは予備緊張といって無駄な筋力を使ってしまいます。やる事はリラックス。脱力する事で膝や足首は程よく曲がり程よく伸びるのです。そして筋肉は脱力した状態から一気に固くなる事で最大限に力を発揮するのです。

Check

効率がよい足の回転とは、股関節より先の膝や足首は曲がってはいるけれど、ほぼ同じ角度を維持している状態を続ける事です。しかし固めているわけではありません。イメージしながら走ってみましょう。

POINT 42

高く跳んではいけない。腰低意識とは？

サイラスさんのこの写真を見て、普通に立っている時より足の部分がずいぶんと短いと感じませんか？ケニア人のエリート選手らは腰高ではなく腰低意識で走っているのです。走る事と歩く事の違いは、ランニング時には両足とも空中に浮いている区間がある事ですが、その上下動自体は無駄なのです。そのぶん彼らは水平方向に大きく足をひろげてダイナミックに走っています。鍵となるのは骨盤の水平方向への動き。前に押し出す事を意識して走ってみましょう。

地面を蹴る意識ではなく「スーッと移動する」イメージ

速いランナーはどうやって走るか聞かれると「スーッと横に移動する」とか「ヌメ〜と重心が移動していく」といった表現をする時が多いのです。足で地面を速く蹴るとか、強く蹴ると言っている選手はあまりいません。

どちらがランニングに適している？

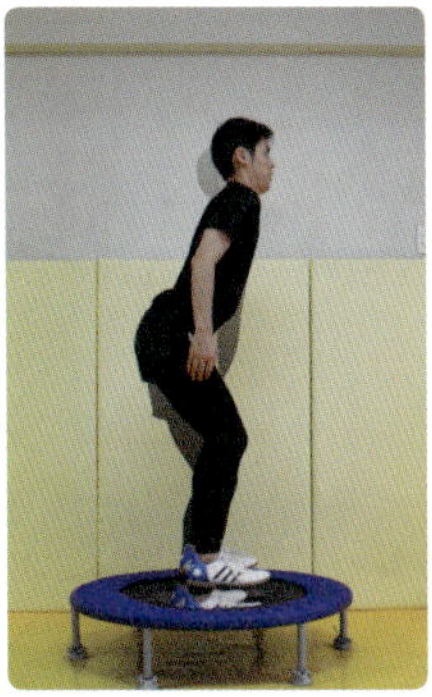

トランポリンというと上にジャンプする運動ですが、より高く跳ぶには身体を１本の棒のようにすると効果的です。一方、太腿の引き上げで行う「トランポリンエクササイズ」は頭の高さがほぼ変わらず、バイオメカニクス的にもランニングの動作はこちらに近いものです。

「腰低意識」といってもこんなフォームはNG ！

腰低意識といっても上半身が前屈みになって骨盤後傾になりお尻が垂れたようなフォームになってしまっていけません。トボトボとした走り方になり、ストライドも出せなくなります。

Check

腰低意識をうまくイメージできない人は４〜５ｍ先の地面から糸でヘソを斜め下に引っ張られている意識を持って走ってもよいでしょう。それは骨盤前傾の角度とも合致します。

Column 6

筋トレのススメ

若者に対して筋肉の質が中高年では著しく落ちてしまいます。しかし諦める事はありません。基礎の筋トレによって筋肉の質は瞬く間に改善します。運動量が多いと筋肉は収縮、弛緩を繰り返すため筋線維も太く強靭となり、運動量が少ないと筋線維も細く柔らかになります。筋トレを開始するのに年齢の壁はありません。

筋トレを開始すると初心者ほど持ち上げられる重量の伸びは大きいのです。数ヵ月後には倍以上の重量を扱えるようになる場合もあります。ところが実際に筋力を測ってみるとそれほど上がっていない。重量が上がったのは筋力や筋量が増えたのではなく、神経系が発達するからです。神経系とは一体何でしょうか？　別に神経が増えたとか太くなったというのではなく、簡単にいうと神経系を鍛える事によりその重さに慣れて、動員できる筋活動量が増えた。上げる動作が上手くなった、つまり巧緻性が上がったという影響の方が大きいのです。これはランニングにも似た側面があります。初心者が練習して走るのが速くなった時、上がったのは筋量や筋力ではなく、走動作の改善、つまりランニングエコノミーである事が多いのです。

筋トレを行う場合、「軽い重量×多い反復回数」と「重い重量×少ない反復回数」では筋量の増加は同じでしたが、筋力は後者の方が有意に高かったというデータがあります。つまり見た目に同じように筋肉がついても軽い重量でしか日頃筋トレをやっていない人は、神経系が発達せず重いものが持ち上げられないという事です。マラソンなど長距離走をやる人の多くは、筋トレにも持久力を求めて、かつ怪我をおそれて「軽い重量×多い反復回数」でやる傾向にありますが、筋量は増えると体重も増えてしまう、というデメリットを考えると実は「重い重量×少ない反復回数」の方が同じ筋量、引いては体重でも地面を押せる力は増すわけですから、効率的と言えます。さらに筋腱スティフネスの向上も報告されています。

しかし一方で、重い重量を扱う筋トレのデメリットは「やったという充実感がすごい」という事です。筋トレをやる事で精神的にも肉体的にも満足して、ランニングの練習が疎かになっていってしまう人が多いのです。体幹トレーニングも含めて自分には何が大切か、何が足りないかをよく考えて複合的な練習メニューを構築する事が大切です。

第7章

腕振りの重要性と免震バランスを考察する

地震が多い日本列島では免震構造を持つビルディングが増えてきました。ランニングにおいて、腕振りの重要な役目は免震装置です。大きく動く足の動きに対して、肩甲骨や鎖骨を含む上肢帯がバランスよく振られる事によって頭や体幹がブレてしまうのを防いでくれます。だから腕振りは闇雲に振り回せば速く走れるようになるわけではありません。腕を大きく振って、そのブレを体幹でとめて走るといった概念の指導もありますが、それでは呼吸もしにくく、すぐに疲れてしまいます。サイラスさんは「腕振りは前に振るとか強く肘を引くなんて思わなくていい。ただ足とリズムを合わせればいいのです」と言っていました。リズムとタイミングは重要です。速いランナーには腕振りにおける一定の法則があるのです。

POINT 43

腕振りは上半身の免震装置

腕振りは身体のバランスを自然に保つための半脊髄反射運動です。呼吸と同じく無意識の動きである可能性が高いのです。人間は寝ている時も無意識に呼吸しますが、呼吸をちょっと早くしようとしたり息を少しの間とめる事もできます。つまり意識的にも無意識でも対応できるのです。腕振りもこれと同じように考える事ができます。腕を意識して力んで振る必要はなく、なるべくリラックスして振りましょう。

撮影：第61回全日本実業団対抗駅伝競走大会

両手足が振り回されるのを体幹が固めて制御している？

普段私たちは何気なく腕を振って歩いていますが、それは足腰が作り出す体をひねる動きがもろに上半身に伝わるのを、腕振りを行う事で相対的に吸収してあげているのです。

短距離走の選手は100mを全力で走っても頭は左右上下にほぼ揺れません。あれは、首の筋肉や体幹の筋肉を強く固めて動かないようにしているからではありません。ちゃんと大きく腕を振って体幹を免震しているから頭が揺れないのです。

腕振りの本当の役目とは？

両手を後ろでつないで腕振りができないように上肢帯を固定して走ってみてください。ずいぶんと肩や頭が振られる事に気づくでしょう。そのあとに腕を振って走ってみれば免震機能の有難さがすぐに理解できると思います。

個性的な腕振りも免震ができていれば許容範囲

短距離走のオリンピックレベルの選手はほとんど同じような腕振りになります。ほんの少しの効率性の無駄が0.1秒の失速に繋がるからです。しかし長距離走においてはずいぶんとフォームのばらつきが表れます。

大切なのは腕振りの形よりも、上肢帯をうまく動かせて上半身を免震できているかどうかです。上半身の免震さえできて速く走れるのならば横振りでも、抱え込んでいても、下振りでもかまわないのです。

Check

長距離走のランナーの腕振りは体型や柔軟性、そして関節の可動域でずいぶんと異なります。個人において、より楽な振り方が優先されるので、個性がずいぶん出ます。そして冗長性が出る事で動きが固くならずランニングエコノミーにもつながる場合が多いのです。

POINT 44

腕振りを重力スイッチに活用する

腕振りの第一目的が免震装置だという事は理解していただけたかと思います。そこから一歩進んで推進装置として活用してみましょう。推進力につながらない腕振りをしている市民ランナーは本当に多いです。成人の場合、片腕の重さは２～３kg。腕を振ると遠心力が掛かるので、相当な重さの振り子になります。着地のタイミングと合致すればそのぶん地面を押せる力を増加させる事ができます。当然、同じ力で地面からの反力が増加します。

ここが意識ズレポイント

腕振りと着地を合わせるふたつのタイミング

前腕を意識する場合

・左の前腕を振り下ろすタイミングで→対角の右足の着地を合わせる。

・右の前腕を振り下ろすタイミングで→対角の左足の着地を合わせる。

肘を意識する場合

・後ろに引いた左肘を振り下ろす→同じ側の左足の着地にタイミングを合わせる

・後ろに引いた右肘を振り下ろす→同じ側の右足の着地にタイミングを合わせる

腕振りはジャンプ動作の助けに！

その場でジャンプする時にタイミングよく腕を上げると、高く跳べます。これは逆に腕振りが身体を軽くしてくれるからです。

ちなみにマラソン後半、着地衝撃の蓄積で足が動かなくなってきた時に腕を意識的に振る事で足のリズムを取り戻してあげる事ができます。またこらえどころで腕振りを早くすると、ピッチを切り替えるスイッチにもなります。ただしあくまで免震機能あっての腕振りだと理解しましょう。

Check

足とタイミングが合っていないと腕振りの第一目的の免震装置からも外れて、重たいダンベルを振って走っているのと同じになってしまいます。気をつけましょう。

POINT
45

腕振りは上半身に壁を作る

ランニングは体幹をひねらず、同じ側の骨盤と同じ側の上肢帯が左右交互に前に出ると説明しましたが、もう一点付け加えたい点があります。肘までの腕振りも骨盤と同じタイミングで動きます。この写真でいうと横から見て「骨盤の左側」と「左の上肢帯」が前に出た時に、腕振りも左肩から肘まで前に出て、上半身が一直線上にラインになり壁を作ります。この壁が左足を強く前に振り出すエネルギーとなるのです。

撮影：第61回全日本実業団対抗駅伝競走大会

肘を前に振りすぎると上半身のバランスが崩れやすくなる

上半身より前には肘が出ていない

上半身より前に肘が出てはダメ

　肘が上半身より前に出てしまうと腕振りの第一目的である免震機能が崩れ、頭や肩などの上半身が大きく振られてしまいます。

全てのスポーツは壁を作る意識が大切！

　スナップのような身体操作で大きなエネルギーを出すのはスポーツの基本です。ゴルフや野球でも上半身に壁を作ってスウィングをしていますし、卓球の加速制動、サッカーで軸足を振り戻す動きも同じく壁を作る感覚です。ランニングでも壁を作る事によって上半身がしなり推進力に大きくつながります。

こんな姿勢で走っていませんか？

　上半身のエネルギーを効率よく下半身に伝えるためにも、屈んで縮こまった姿勢で走るのはやめましょう。ランニングは足で走るものですが、上半身の動きをうまく下半身に伝達する事によってより速く、より楽にスピードが出るようになります。動かない上半身を足が移動させるという走りのイメージはよくありません。

Check

肘までは壁を作りますが、肘より先は横に振ろうが縦に振ろうが回そうが、各人が楽な感覚を持つ振り方で構いません。大切なのは腕に力を込めない事。手首も軽く脱力して拳も強くは握りません。

POINT 46

肩は腕振りの支点だから グイグイ動かしてはいけない

四肢の動きで頭や体幹がブレてしまっては効率的なランニングフォームが維持できません。特に腕振りにつられて肩が大きく前後に動いてしまう人がいます。動くべきは鎖骨や肩甲骨からなる上肢帯です。支点である肩が大きく動いてしまうと、鎖骨や肩甲骨は逆に動きにくくなってしまい、体幹のブレを制御するために無駄な力を使ってしまう事になります。

ここが意識ズレポイント

肩を大きく動かせば速くなる？

肩を大きく動かす事で肩甲骨が動き、速く走れると考えてはいけません。ブンブン腕を振るのを体幹で固めて走るイメージはよくありません。

また、ランニングで呼吸が苦しい状態になると頭が動いてしまいがちになります。そうなると上半身の軸が崩れてしまい、肩甲骨周りが固くなり肩が動き出してしまいます。

腕振りに釣られて肩が大きく動いてはいけません

肩が動くと上半身が釣られて身体の軸が大きくブレてしまいます

上肢帯の使い方を理解して、効率よく走ろう

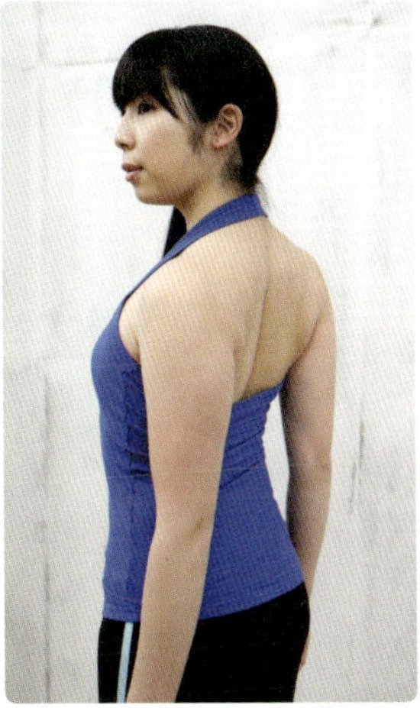

鎖骨や肩甲骨など上肢帯が自由に動く事で腕振りはとても楽になります。体幹にもムダな負担を掛けません。下半身の動きに連動して腕振りをする事で免震機能が働きます。極端に胸を張ったり、極端に俯いた猫背の姿勢は上肢帯の可動域を狭めます。

極端に俯いた猫背

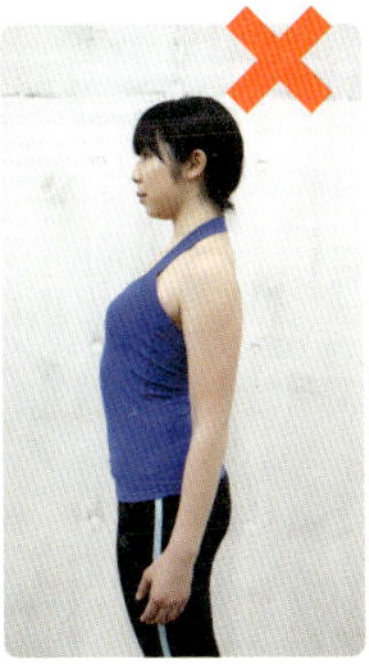

極端に胸を張る

Check

肩甲骨の重要性を説くランニング指導は多いですが、特にニュートラルな姿勢であればそこまで気にしなくていいのです。軽い猫背だってOKです。ケニア人の選手にも猫背は多いです。そもそも背中側にある肩甲骨は意識しにくいもの。動かそうと意識しすぎて肩まで大きく動いてしまっては元も子もありません。

POINT 47

肘を大きく引くから足が大きく前に出るわけではない

ランニングの指導書において、「作用反作用により、肘を大きく引くと足が大きく前に出る」という記述をよく見かけます。しかし、筋肉はゴムやバネとは性質が違いますし、そもそも腕から足まで1本の筋肉でつながっていないのです。ですからひねりの反動でバチンと筋肉が逆に回転する事はありません。「肘を思いっきり引けば引くほど速く走れる」「腕を前後に力強く振れば振るほど速く走れる」といった感覚は持たない方がよいでしょう。

身体の動きと作用反作用の関係とは？

作用反作用とは、例えば壁を押した場合、押したのと同じ力で押し返されるといった事が挙げられます。つまり同一線上にあり、力の大きさが等しく、互いに反対向きに出力されるのです。

左の写真で、もし横沢さんがスケボーに乗っていたら、押したぶんだけ壁から離れていく事になります。こうした作用反作用の法則を考えると、ランニングで肘を引いたから前に足が出るといった事が全く定義に合っていない事は理解できると思います。

「肘を引く事により、足が前に出る」という表現が正しいのなら、左の写真のように寝て肘をだらんと下げたら勝手に足が上がるという理屈になります。

ここが意識ズレポイント

大きな腕振りは疲れの元

力いっぱい肘を引いて腕振りすれば足が大きく振り出されるというのは誤解です。しゃがめばしゃがむほど高くジャンプできるのではないのと同じでいくら力んで腕を振っても、足は速くはなりません。

また長距離走で上半身の前傾を謳う指導は骨盤が動かしづらく、肘を大きく引く事により速くなる意識を持ってしまう傾向にあります。注意しましょう。

Check

直立の姿勢で一生懸命、腕を振っても足は一歩も前に動き出しません。つまり腕振りは身体を前進させる力は1 mm もないのです。それどころか、無駄な腕振りのために体幹の筋肉を使って疲労を助長します。腕は力を抜く事で本来の免震装置としての役割を果たせるのです。

POINT 48

腕振りは回旋するのが自然

腕振りは「前後に力強くまっすぐ縦に振りましょう」とよく指導されます。しかし一見、縦にまっすぐ腕を振っているように見えるオリンピックレベルの短距離走でも、実は「回旋」しています。骨盤の横に股関節があり、足は前後に縦に振られているのではないのと同じく、腕振りもまた上肢帯の横の動きから振り出されるので、まっすぐ縦に大きく前後に振るのは、肩甲骨などの上肢帯の形を無視した動かし方で余計な力を使う事になります。

ここが意識ズレポイント

肩甲骨の構造上、腕は縦振りになるはずがない

腕振りで肩甲骨は内転と外転を繰り返します。肩甲骨は前後、上下には動いていないのです。ゆえに腕は横の動きも入り、肘から先は回旋します。円を描くランナーもいれば半円や三角に回すランナーもいます。

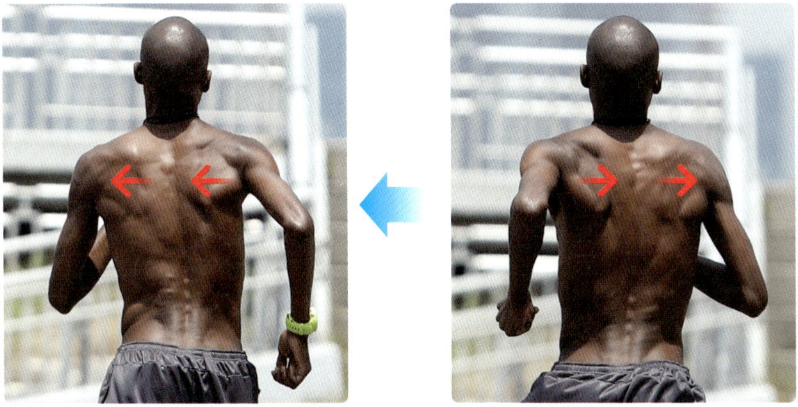

どんな腕振りでも、回旋運動が理解できていればOK！

腕を縦に振る、女性にありがちな横に振る、抱え込んで振る。いろいろな形がありますが、形はどうあれ回旋運動が理解できていれば何ら問題はないのです。正しい意識は筋肉のコントロールの効率を飛躍的に向上させます。

前後に振る

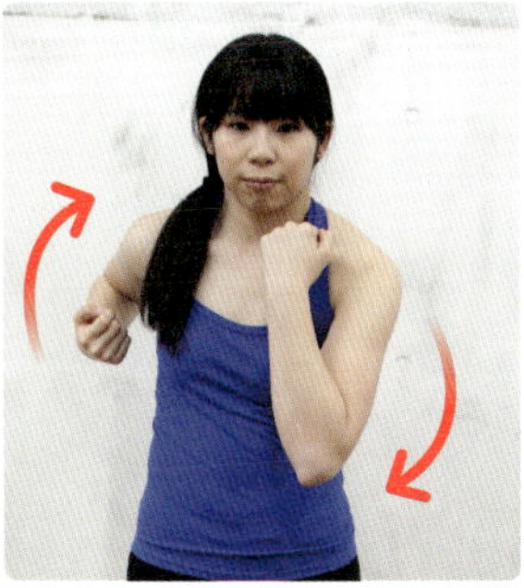

抱え込んで振る

横に振る

Check

腕を上から下に振り下げる時は、手の平は内側に回りやや下を向きます。また振り上げる時は外側を回りつつ手の平はやや上を向きます。しかし末端だけ意識しても仕方がありません。大元の上肢帯が自然に動いていれば、肘から先は自ずと回旋します。

POINT 49

左右の肩甲骨を寄せると腕振りしにくい

「左右の肩甲骨をグッと背骨に寄せて走りましょう」と指導される事があります。しかし、サイラスさんの肩甲骨周りを見てください。力んでおらず全く寄せていないですよね。胸を張る事と肩甲骨を寄せる事は同義語ではありません。肩甲骨が自由に動くから免震機能が働きます。左右の肩甲骨は意識して寄せないようにしましょう。

ここが意識ズレポイント

肩甲骨を寄せると鎖骨の可動域が狭まる

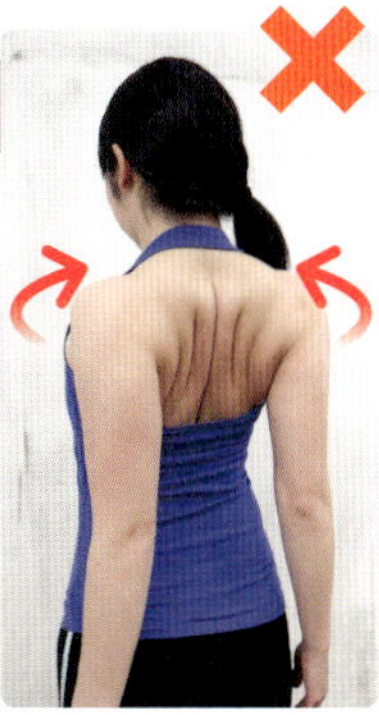

肩甲骨を意識して寄せて走ると背中周りが固まり腕振りがしにくくなります。そして背中周りが固まると、足腰が作り出す捻転を制御できなくなります。なぜそうなるのかというと、肩甲骨を寄せると前側にある鎖骨が引っ張られる事により、結果的に上肢帯全体の可動域が狭まるのです。結果、肩甲骨の動きも制限を受けてしまいます。

肩甲骨を寄せると肘が引きにくくなるのを実感してみよう

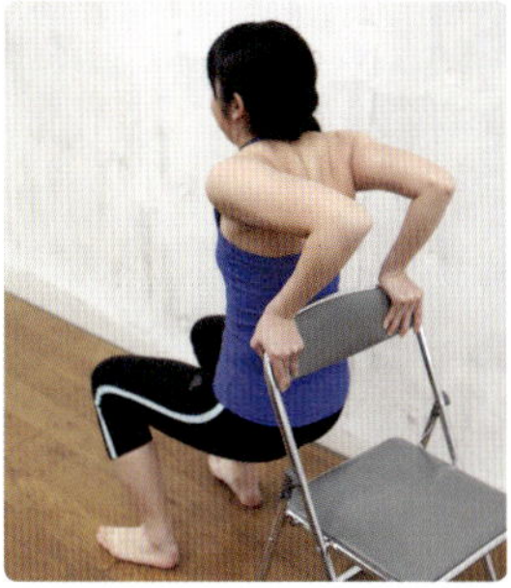

肩甲骨を寄せた方が後ろに肘を引きやすいように思われますが、そうではありません。試しに、椅子の背もたれや公園の柵などで左右の肩甲骨を寄せて後ろ側にストレッチすれば、寄せないでやるよりも可動域が狭まるのを実感できるでしょう。

上肢帯が動いていないと無駄に体幹の力を使う

肩甲骨を寄せるなど上肢帯が動いていない場合、腕振りで生じた動きをどこでとめる事になるのでしょうか。それは体幹です。つまりガチガチに固めた体幹を作り上げないと走れなくなります。上肢帯が動いていないランナーほど骨盤も動いていません。

肩甲骨が動いていないと、体幹を固めて無駄な力を使う事に

Check

意識すべきは、肩甲骨を寄せる事ではなく、鎖骨、肩甲骨を含む上肢帯の全体の可動域です。まずはリラックス。あらゆる力みは可動域を狭めます。可動域がひろがれば力みのない楽な走りに自然とつながります。

Column 7

ストレッチのススメ？

ストレッチには、リラックスしてゆっくりと筋を伸ばす静的ストレッチ、反動動作を利用するバリスティック・ストレッチ、筋力発揮を伴うダイナミック・ストレッチなどあります。これらに共通した効果として、筋肉の余分な緊張を除き、関節可動域の改善、血液循環の促進が上げられます。股関節をガバッと開脚して股割りするストレッチは身体の柔らかさを示す象徴として憧れる人も多いようですが、ストレッチの時に内転筋がカチカチに硬くなっている人もいると思います。まさにこれが伸張反射です。つまり反射というと瞬間的な反応のように思いますが、じわ～っと伸ばしている筋肉を「これ以上伸びるとヤバい」と硬直している状態もまた伸張反射です。

多くのスポーツに有効利用されるSSCもまた伸張反射の恩恵なので、あまり無理に身体をストレッチする事は、筋肉の自然な動きを阻害する危険性があります。股割りができたからといってスポーツのパフォーマンスが上がるわけではないのです。むしろ低下する危険性さえあります。

実際、静的ストレッチの前後で筋力を測定すると、最大筋力や筋力発揮スピード（瞬発力）がいずれも低下してしまう事が研究報告されています。静的ストレッチにより、筋肉の長さを検知する筋紡錘というセンサーの感度が下がると言われています。この筋紡錘は全身の巧緻性にとって大切で“関節の位置が今どこで、どのくらいの速さと力で動かしているのか”を認識します。

ストレッチは身体を柔軟にしパフォーマンスの向上や怪我の予防に繋がるというイメージがありますが、実はバランスが失われ、筋肉が瞬発力を失う原因にもなるのです。さらにやり過ぎると筋肉や腱と骨格との付着部に炎症や肉離れを起こす原因にもなります。特に肉離れを起こした段階でのストレッチは炎症状態の筋肉をさらに引き伸ばす事になり、故障を長引かせる可能性もあります。床にベターッと開脚など、ただやみくもに静的ストレッチをするのはほどほどにした方がよろしいようです。

第 8 章

体幹と骨盤を使いブレのない走りを目指す

ランニングは足を使って走るものと思っていませんか？　上半身の使い方は大変重要です。骨盤の機動力を作るのは上半身です。つまり足の動きは上半身が作ります。速いランナーはみな上半身の使い方が上手いのです。

しかし最近、体幹トレーニングが流行っているために上半身はカチカチに固めて走るものだという誤解もはびこっています。ランニング中に体幹部は自然に揺らぎやしなりが起こります。それらによって身体全体のバランスが保たれ身体の芯が形成されるのです。一昔前のロボットのおもちゃのように胴体はカチカチのブリキで固められているわけではありません。最終章は大切な体幹の動きについて説明します。体幹がブレないようにするには固めずに、たえず身体をリラックスさせて走りましょう。

POINT 50

マラソンは上半身が前傾姿勢である必要はない

短距離走はしゃがんで行うクラウチングスタートなので加速時の前傾姿勢になっている区間が長くあります。しかしマラソンはほとんどの局面で等速運動なので意識的に前傾姿勢にする必要はありません。サイラスさんも横沢さんも走っている上半身はほぼ垂直に見えます。実際、100mなどの短距離走でも中間疾走以降の場面では、ほとんどのランナーの上半身はまっすぐの姿勢になっています。

ここが意識ズレポイント

前傾姿勢は地面からの反力を受けにくい

身体を棒のようにして、倒れこむような前傾姿勢が正しいフォームだと教える指導者もいます。しかし、頭が前に出ていると、頭を支えるために「僧帽筋」が固まり肩甲骨が動きにくくなります。頭はボーリングの球と同じくらい重いのです。

また骨盤より前に背骨があると腰を痛めやすいです。バランスをとるために着地が身体の重心より大きく前になりやすく、何よりも軸が斜めになり地面からの反力を受けにくくなります。

もっとも楽な姿勢＝反力をもらいやすい姿勢

ボールは真上から落としてやると一番高く跳ね返りやすいのと同じで、走っている時もまっすぐな姿勢が楽で一番、地面の反力をもらいやすいのです。そして何よりも無理な姿勢では42.195kmはもたないという事です。

自然な姿勢を保って走るのが一番楽

人間はまっすぐ立った姿勢が一番楽で各所に負担が掛かりません。長距離を走り続ける場合も同じです。アゴは引かずに上げていても問題はありません。アゴを引きすぎると上肢帯の鎖骨部分の可動域が狭くなります。

走っている時は、軽く胸を張り頭を首の真上に、そして胴体の真上に位置する事が大切です。そして背骨の真下に骨盤をいれてあげましょう。その上で柔軟な人はやや背中を反らせた軽い前傾姿勢をとってもよいです。

Check

大切なのは地面からの反力をちゃんと受ける身体全体の芯ができているかという事です。そしてそれが42.195km維持できる姿勢かどうかという事につながります。一瞬、速くても身体に対して無理な姿勢というのは長続きしないのですから。

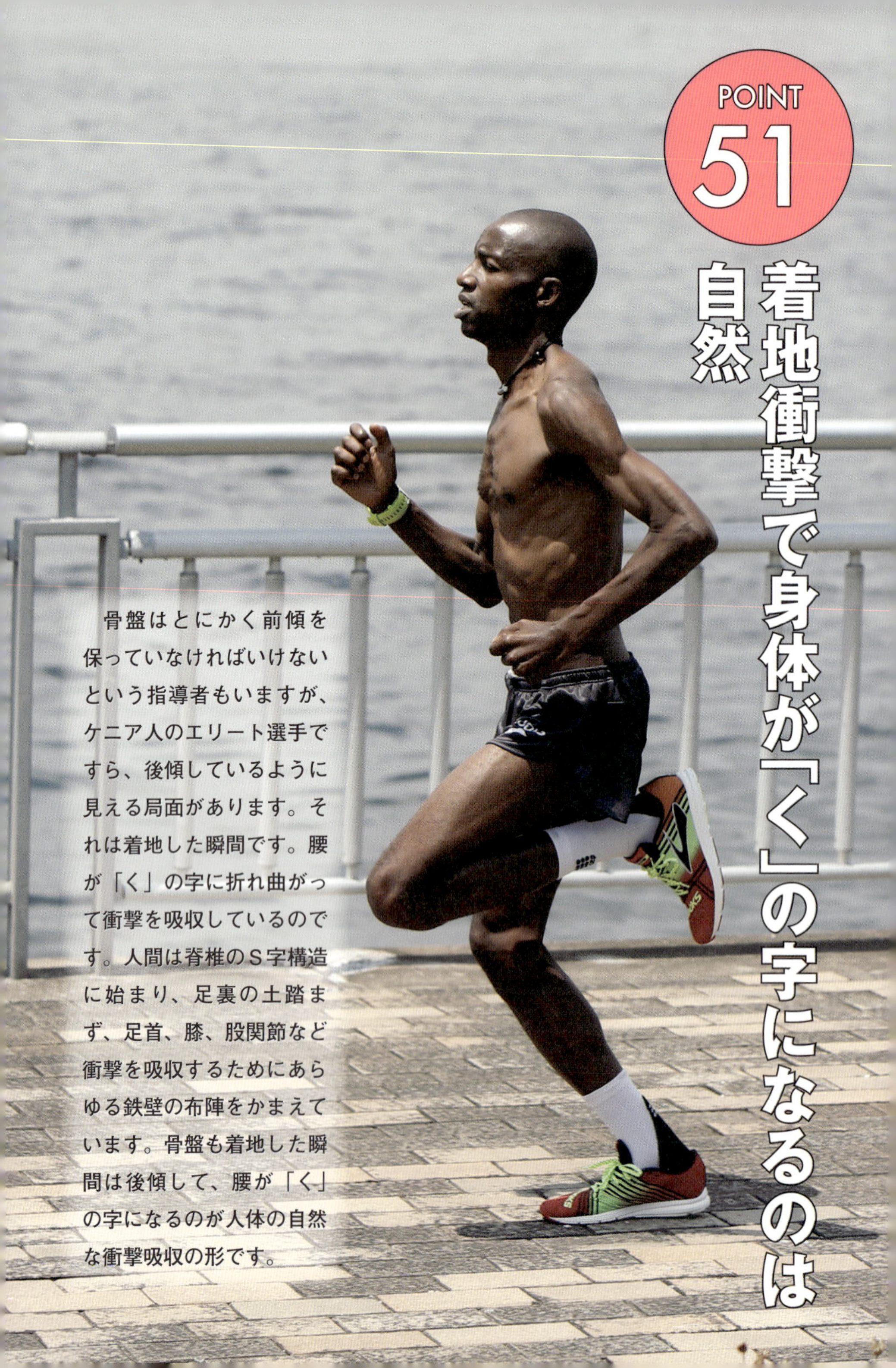

POINT 51

着地衝撃で身体が「く」の字になるのは自然

骨盤はとにかく前傾を保っていなければいけないという指導者もいますが、ケニア人のエリート選手ですら、後傾しているように見える局面があります。それは着地した瞬間です。腰が「く」の字に折れ曲がって衝撃を吸収しているのです。人間は脊椎のＳ字構造に始まり、足裏の土踏まず、足首、膝、股関節など衝撃を吸収するためにあらゆる鉄壁の布陣をかまえています。骨盤も着地した瞬間は後傾して、腰が「く」の字になるのが人体の自然な衝撃吸収の形です。

ここが意識ズレポイント

地面の反力は、「く」の字になる事で利用できる

裸足でゆっくり走ってもサイラスさんはこの通り体幹は「く」の字になっています。

「く」の字の姿勢は、腰が落ちて地面からの反力を受けられないダメな姿勢ではありません。人間はガチガチに固まった木の棒ではありません。ボールが地面で弾む時には、1回ボールそのものが歪みます。それと同じように60％が水分でできている人間の身体は1回クッションを利かせて、柔らかくタメを作って弾む事で地面の反力を有効利用できる自然な推進システムを身につけているのです。

前屈みの姿勢をずっと維持するのはダメ

疲れてくると気持ちが切れて視線が地面を向いて、頭の位置が下がってしまいます。そうすると前屈みになり背中が丸まってしまいます。一番よくないのは呼吸筋である横隔膜のある鳩尾付近が「く」の字に前屈みになる事。呼吸しづらくなり、またバランスを取るために骨盤が後傾を維持してしまい、お尻が下がったままのランニング姿勢になってしまいます。まさに負の連鎖。このフォームで走ると、太腿や膝に大きな負担が掛かります。「く」の字の姿勢の時に背中は丸めず、なるべく反らせるようにしましょう。それがタメの動作となり更なる推進力として走りに活かせます。

背中が丸まると、骨盤が後傾を維持してしまいお尻が下がっているフォームに。

Check

「骨盤前傾」は日本において速く走るキーワードのように使われてきた言葉ですが、実は骨盤後傾のまま走っても十分速い人はいます。これもまたランニングの冗長性です。骨盤の前傾に執着するあまりに故障してしまっては元も子もないのですから。その人の加齢や柔軟性を無視してはいけません。

POINT 52

ケニア人が生まれつき骨盤が前傾してるというのはウソ

「日本人は骨盤が後傾しているから走りづらい。欧米人は骨盤が生まれつき前傾しているから走りやすい」とまことしやかに言われていますが、そんな事はありません。実際、ケニア人選手は「普通に立っている時には前傾してなんかいない」というバイオメカニクスの現場からの報告もあります。ランニングにおいて意識の持ち方で骨盤の前傾を楽に維持できます。骨盤の角度を決めるのは股関節です。ゆえに股関節の柔軟性は重要です。

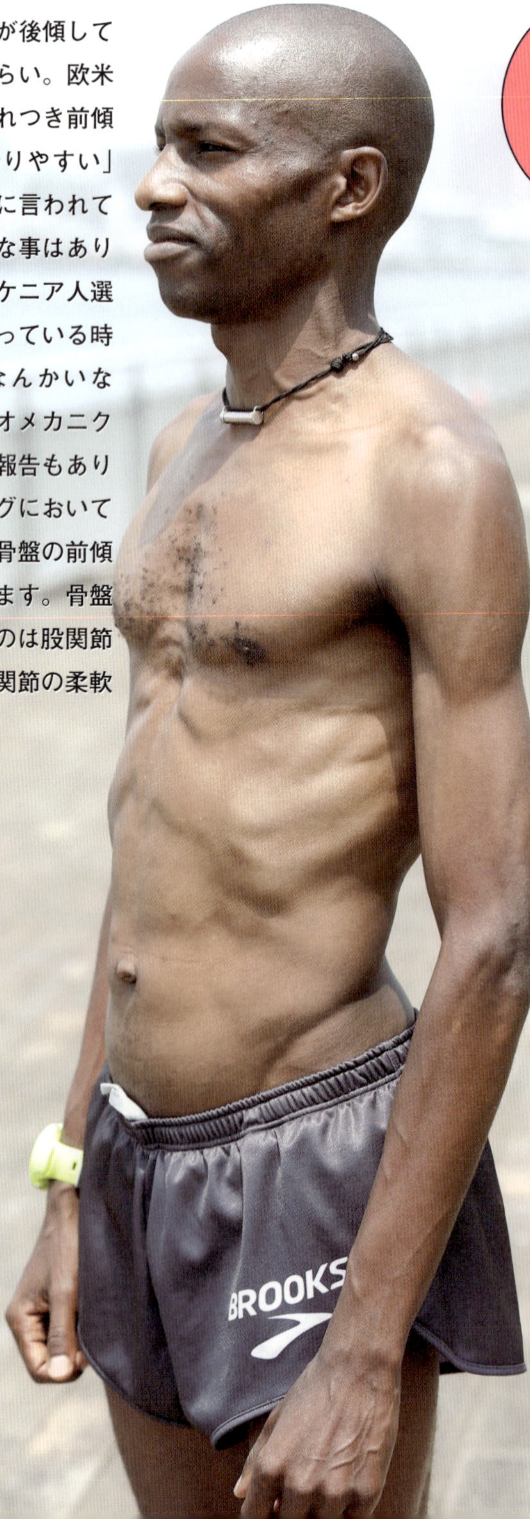

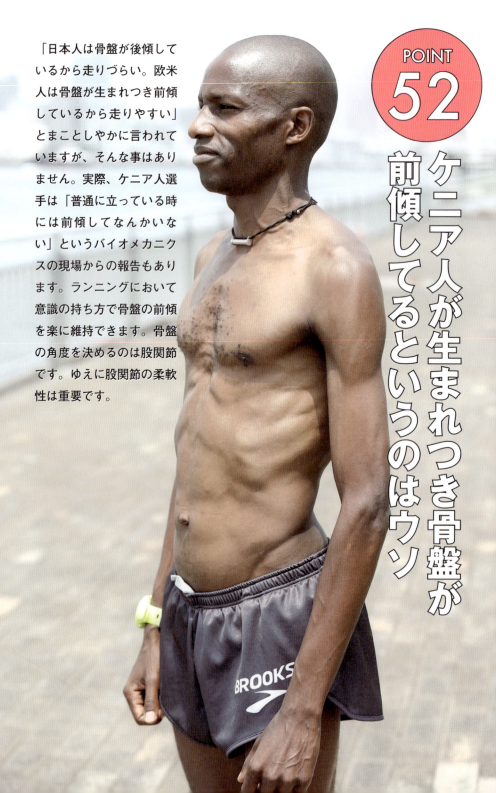

4人のうち、どれがケニア人選手のシルエット？

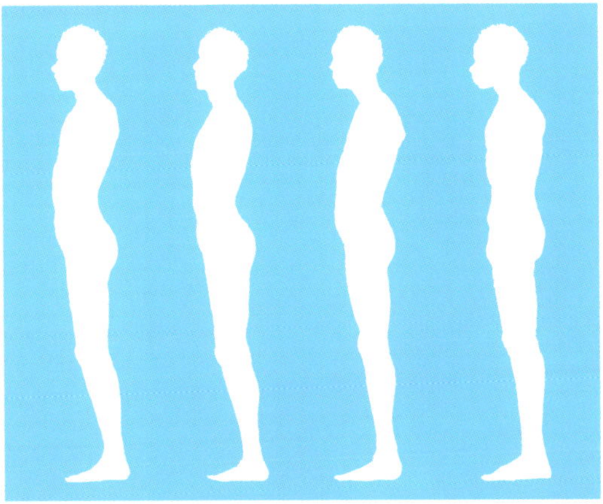

Enomoto（2005）より改変

左は人体を横から見たシルエットの図です。うち二人が日本人、二人がケニア人選手です。どのシルエットがケニア人かわかりますか？

正解は右の二人。

実は背中が反って骨盤が前傾しているように見えるのは日本人の方です。普段の姿勢でケニア人の骨盤が前傾しているというデータや論文は皆無です。

間違った認識が生まれた背景を調べてみると…

なぜ「欧米人は骨盤が前傾している」と言われ始めたのでしょうか。調べてみると1990年代に提唱された「欧米人は生まれつき骨盤の前傾が大きく後ろに蹴り出しやすいから足が速い。日本人は後傾しているから後ろに蹴れない」という論理にたどり着きます。しかし一方で「日本人の骨盤は後傾しているから腿上げはしやすい」のだと言うのです。しかし、その論理自体が骨盤の真下に股関節がついている発想です。股関節は骨盤の横についているので骨盤の前傾、後傾にはあまり制限を受けません。

ここが意識ズレポイント

骨盤前傾を意識しすぎて腰痛に!?

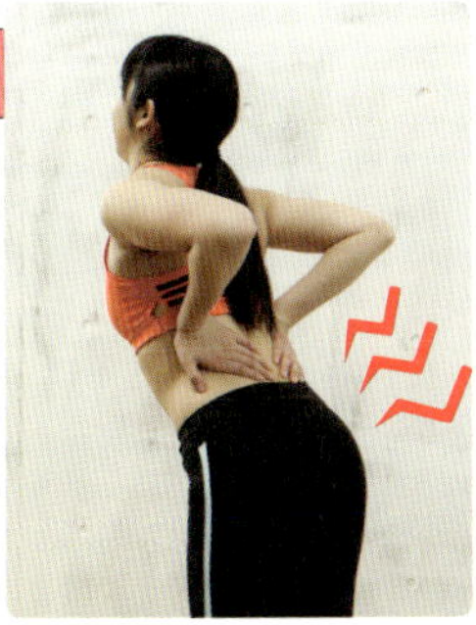

「骨盤前傾」というキーワードだけ気にして骨盤のみを前傾させる意識は、骨盤自体が前傾になるのではなく「腰椎を反らせる」という事です。そうすると、「腰をひねる＝腰椎をひねる」と同じように部分的に腰椎のみをねじったり曲げようとする意識を持つようになってしまい、腰を痛める可能性が大きくなります。

Check

「日本人の自分は骨盤が後傾している」と早合点し、腰椎を部分的に反らせて生活したり走るのはよくありません。骨盤を含む上半身がリラックス。そして可能ならばある程度しなっていればいいのです。

POINT
53

骨盤は前傾させる意識より大転子を前に出す

「腰をひねる＝腰椎（背骨の下部）をひねる」という意識は間違っています。それではどこをひねったら腰は動くのかというと股関節です。腰が曲がったりねじるのは股関節の部分をひねっているのです。骨盤を前傾させるというと腰椎を反らせようとしてしまう人が多いのですが、骨盤前傾は腰椎ではなく股関節を前に出す。つまりランドマークである大転子の部分を少し前に出す意識だけでいいのです。

骨盤の前傾のみを意識するのはよくない

日本人ランナーに比べ、ケニア人ランナーは上半身全体がやや前傾して、それに伴い骨盤も前傾するように走っています。骨盤だけが前傾しているのではありません。また、竹馬のように頭が前に出た前傾ではなく、彼らは上半身が反っているので頭はほぼ骨盤の上に位置します。

一方、写真のように日本人は腰高意識のせいか前に進むより上に跳んでしまっているランナーが多いのです。

大転子を前に出す意識で、自然に骨盤が前傾に

では、どうしたら正しく骨盤を前傾させる事ができるのでしょうか。ポイントは大転子。大転子の位置を少しだけ前に出しましょう。それによって骨盤は自然に前傾してくれます。股関節筋群を有効に使うには骨盤前傾が重要な要素となります。ハムストリングスは特にその傾向が強いのです。

上半身が反るような大転子の出し方はNG！

大転子を前に出すと書きましたが、身体が固くて骨盤を前に出せない人は単に上半身が反ってしまいます。腕振りにおいて肩甲骨を寄せすぎると鎖骨の可動域が狭まって上肢帯の動きが悪くなるのと同じで、大転子も前に出せば出すほどよいというわけではありません。

Check

骨盤の部分的な前傾は腰を痛めてしまうし、そもそも力みを作ってしまい骨盤を楽に動かせなくなります。骨盤から頭までの重心を考えて楽なボディポジションを形成しましょう。

POINT

54

低空で頭や腰の高さを変えずに走る

「腰高で走りましょう」とか「バネを利かして走る！」と聞くと、速いランナーはいかにも高く跳んで走っているように思いますが、42.195㎞を無駄に高く頭や腰の位置をジグザグに上下させて走っては効率的ではありません。実はケニア人のエリート選手こそ足のバネを使わず低空で走っています。速いランナーは、膝や足首をただ置きにいくランニングスタイルで効率的な腰低意識のランニングを実現しているのです。

効率的な腰低意識ランニングのフォームを見てみよう

速いランナーは上下動が少なく頭や腰の位置がほとんど変わりません。膝や足首を柔軟に使い、着地から重心真下に乗り込んでも膝は曲がったまま進みます。そして離地まで足首を固めず蹴らずに膝も曲がったまま、主に股関節筋群を使い、ずっと水平方向に無駄なく移動していきます。

跳ねるように走らない

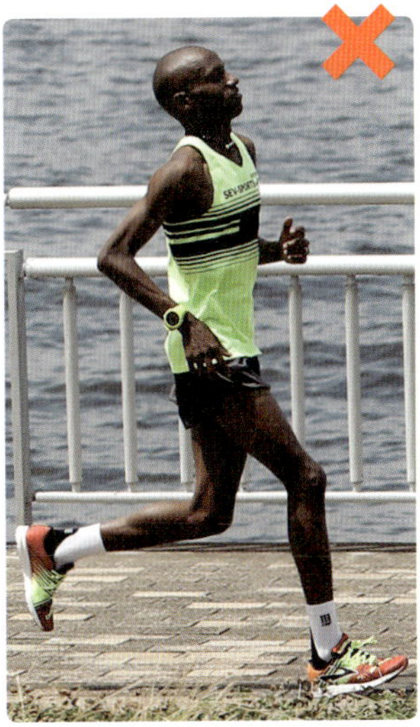

右の写真は、サイラスさんに「日本人の走りを真似してください」とお願いして演じてもらったものです。骨盤が伸び上がって腰高になり後傾して小股で走っています。右ページのサイラスさん本来のフォームと比べてみてください。

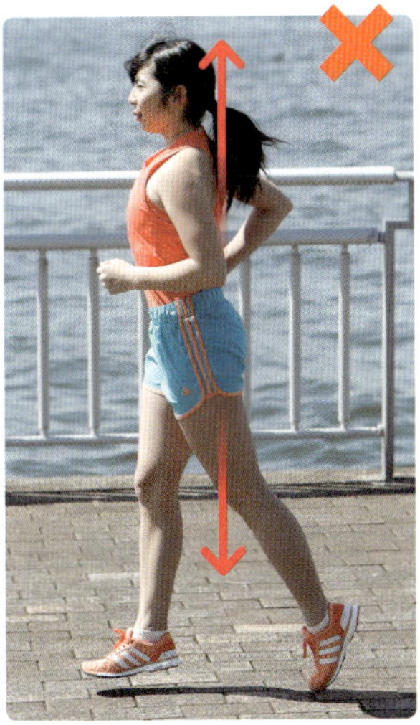

ケニア人のエリート選手は180～200cmもストライドがあるのに真上には7～9cm程度しか跳んでいません。

それほど水平方向のみに進んでいるのです。ポン！ポン！と足首で蹴っていちいち上に跳んでしまうと結局下を落ちる時に一歩一歩の着地衝撃も強くなってしまいます。

Check

ケニア人選手はバイオメカニクスの分析で、着地から離地までの太腿の動作範囲が大きい事がわかっています。日本人選手は着地前から膝が伸びてしまい、太腿やお尻の大きな筋肉を使う前に膝下の小さな筋肉を使ってしまっているのです。上下動を抑えて、無駄なく水平方向に移動する走りを身につけましょう。

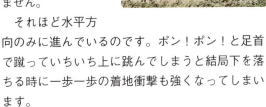

POINT 55

走行時にお腹は膨らませて緩める

ランニング時には否が応にも腹筋を使います。締めるより緩ませる方が大変なのです。また緊張すると呼吸は浅く小さくなるものです。呼吸を楽にするためにも体幹は緩ませるようにしましょう。お腹に限らず全身の筋肉は意識的に固めたり力を込めたりすると、筋肉を細やかに使う事のできる「巧緻性」が失われます。巧緻性は意識をしないから保たれます。実際のスポーツの現場で腹筋を含め筋肉を意識する事は百害あって一利なしです。

ドローインの体幹意識はマラソンには必要ない

体幹トレーニングでドローインと呼ばれる、お腹を大きく凹ませる基本の呼吸エクササイズがあります。このドローインの意識のまま、お腹を凹ませて走る指導もありますが、苦しいだけだと思います。

体幹トレーニングの基本となるドローイン

また腹筋を鍛えてガチガチに固めて走る指導もあるようですが、ケニア人のエリート選手でお腹を凹ませたり腹筋を固めて走っている選手はいません。どちらかというと膨らませています。

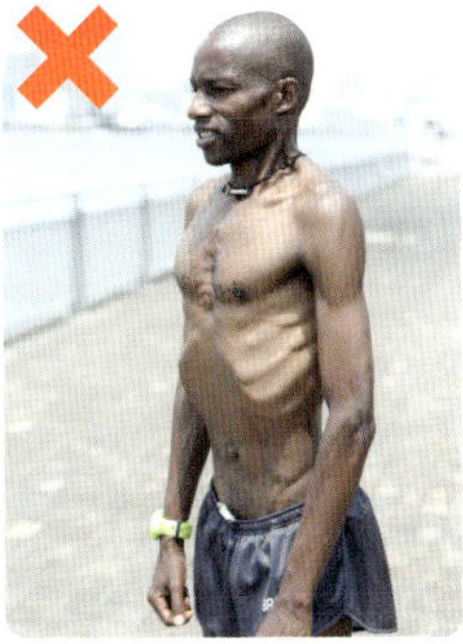

体幹が緩むと呼吸が楽になるしくみとは

肺自体には筋肉はありません。主に肺の下部にある横隔膜が上下する事によって、大きく肺は酸素を取り込む事ができます。横隔膜が上がっている時に緩み、下がる時に固くなります。お腹を凹ませたり、腹筋を固めると、かえって横隔膜の動きが悪くなります。またよく誤解されますが胸を張る事によって呼吸しやすくなる事はありません。

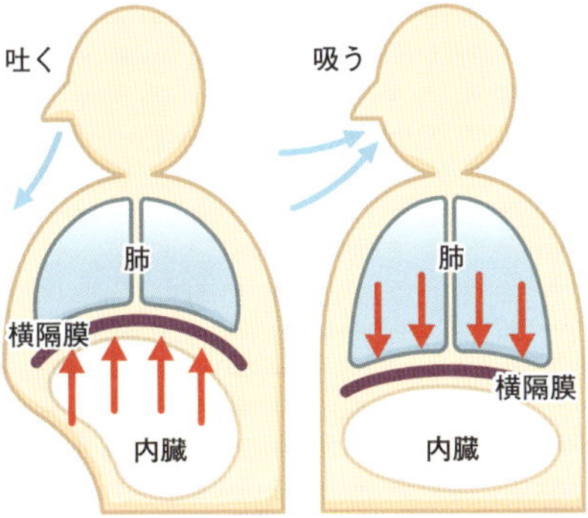

どちらのお腹の使い方が楽に走れるでしょうか？

お腹を凹ませてドローインの姿勢で走ってはいけません。腹式呼吸がしにくく骨盤が後傾します。

お腹、特にお臍の下の下腹を膨らませるようにすると骨盤が前傾して大転子も前に出やすくなります。呼吸も格段にしやすくなります。

Check

胸を膨らませる胸式呼吸というのもありますが、１回あたりの換気量が少なく、対して酸素消費量が激しくなります。腹式呼吸を楽にできる事が長くランニングする鍵となります。

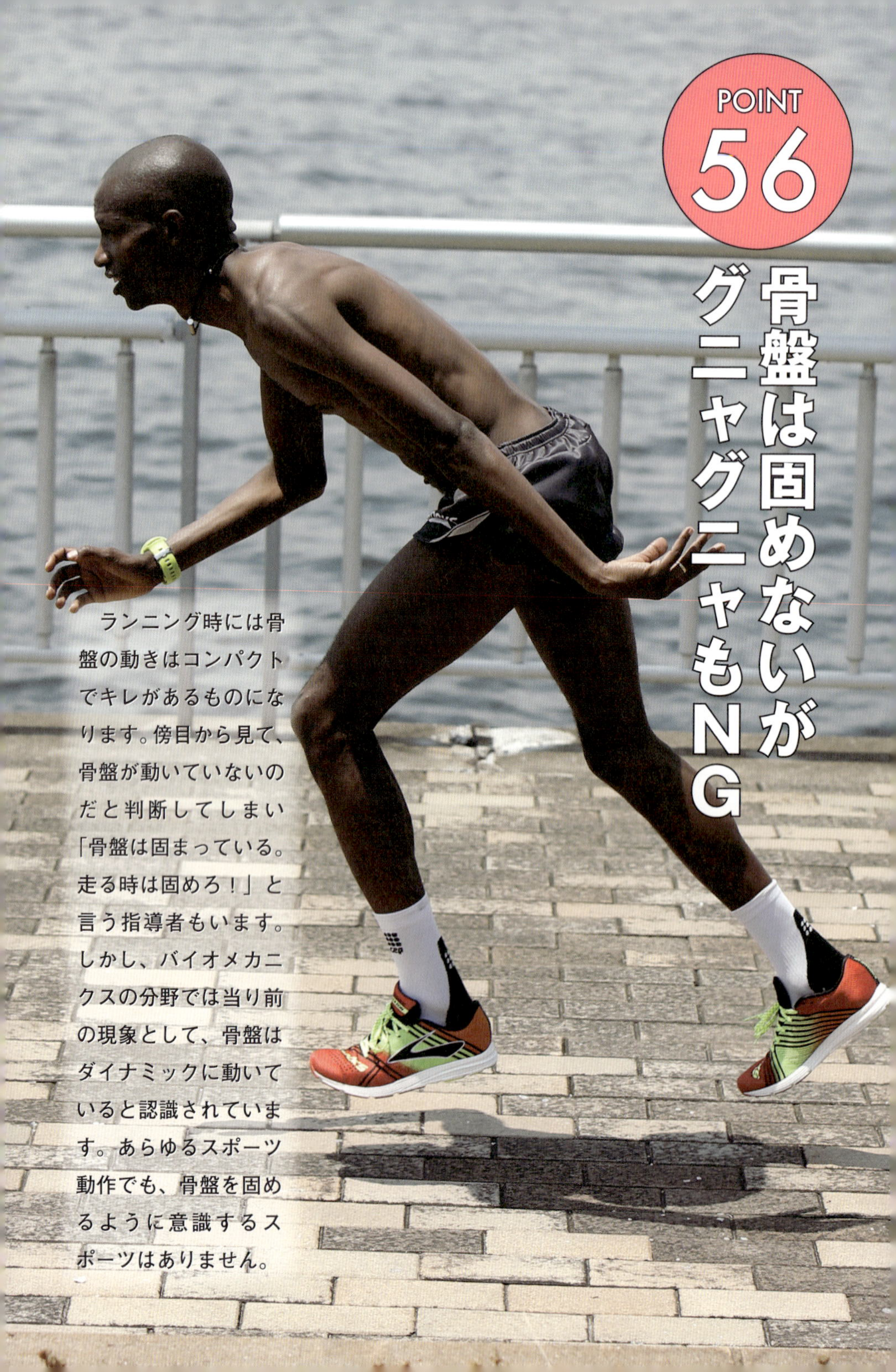

POINT 56

骨盤は固めないがグニャグニャもNG

ランニング時には骨盤の動きはコンパクトでキレがあるものになります。傍目から見て、骨盤が動いていないのだと判断してしまい「骨盤は固まっている。走る時は固めろ！」と言う指導者もいます。しかし、バイオメカニクスの分野では当り前の現象として、骨盤はダイナミックに動いていると認識されています。あらゆるスポーツ動作でも、骨盤を固めるように意識するスポーツはありません。

骨盤は立体的にあらゆる方向に動いている

右のグラフはランニング時に骨盤が前傾と後傾、縦方向、前後にどれだけ動いているかを調べたものです。骨盤はあらゆる方向にダイナミックに動いているのです。計測せずとも左右の大転子に手で触れて歩くだけでもずいぶんと動くのがわかると思います。

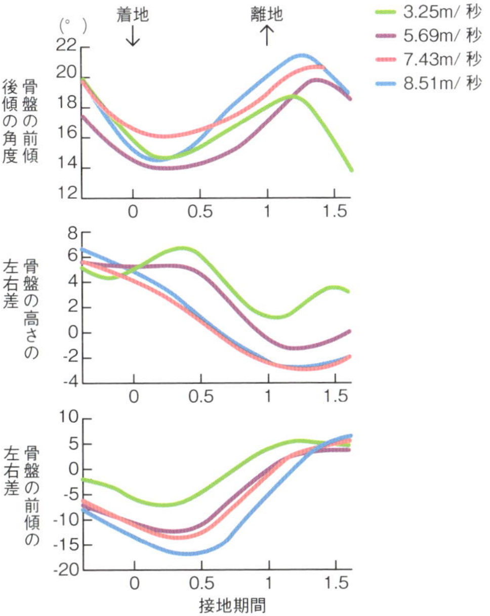

『ケガをさせないエクササイズの科学』大修館書店より引用

ここが意識ズレポイント

「骨盤が動く」→「足が地面から離れる」が正しい順番

中上級者でもよく勘違いしているのが骨盤と足の動きの順番。「足が地面を蹴った事で骨盤が動く」のではなく、「骨盤が動いてから足が地面から離れる」のです。この順番が逆になってしまうと骨盤は全く逆向きになり、足の回転が大変冗漫なものになってしまいます。

体幹トレーニングで骨盤への意識を高める

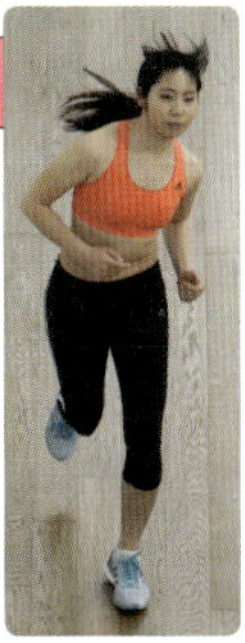

体幹を意識的に固めると上半身のブレが増大します。ただ身体の芯の意識があまりにもなく写真のように頭がふらついてしまう場合は、ある程度、意識付けという理由でプランクなど基本の体幹トレをしてもよいと思います。身体の芯が意識できると走りやすさも変わってきます。

プランク

Check

間違ってはいけないのは走る時間を削ってまで体幹トレーニングをする必要はないという事です。体幹トレが流行る以前から人間は普通に走る事はできたのですから。

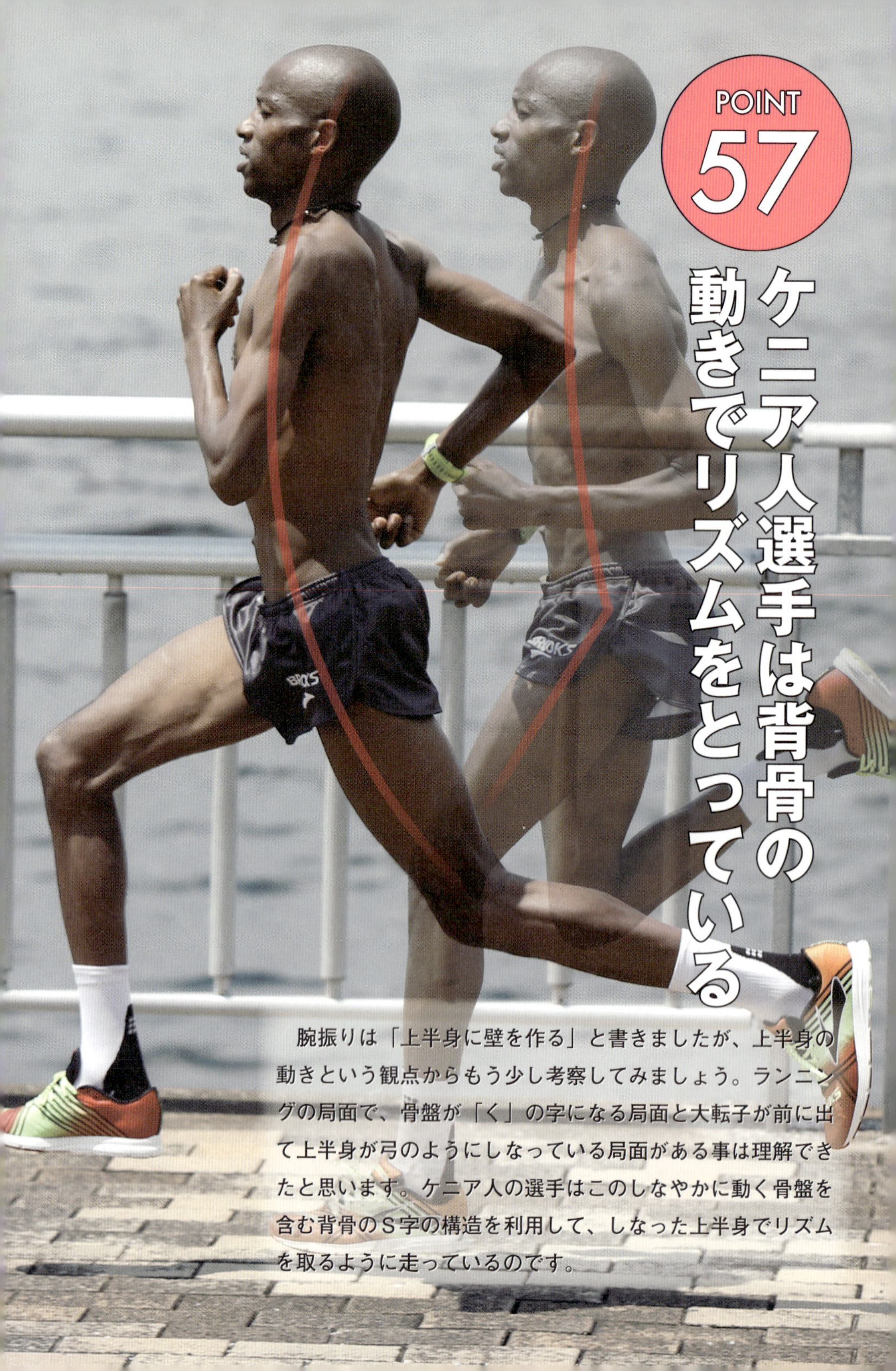

POINT 57

ケニア人選手は背骨の動きでリズムをとっている

腕振りは「上半身に壁を作る」と書きましたが、上半身の動きという観点からもう少し考察してみましょう。ランニングの局面で、骨盤が「く」の字になる局面と大転子が前に出て上半身が弓のようにしなっている局面がある事は理解できたと思います。ケニア人の選手はこのしなやかに動く骨盤を含む背骨のS字の構造を利用して、しなった上半身でリズムを取るように走っているのです。

足を振り出す原動力は、上半身から生まれる

サイラスさんの腕振りを見てください。肘で壁を作った時に最大限に上半身が反っています。この上半身の動きが骨盤から下の足を大きく振り出させる原動力となっているのです。

具体的には①左の壁を前に出す事によって②左足が前に引き出される。次に右の壁を前に出す事によって右足が前に引き出されます。

上半身の壁が
反り、それに
ともない足が
引き出される
体幹は緩める意
識で自由に動か
せるようにする
1
2

背骨を前後に動かす意識で、走りは大きく変わる

上肢帯と骨盤の左右の動きだけでも走る事はできますが、背骨の前後の動きを体得すると、走りにリズムができてストライドが飛躍的に伸びるようになります。しかしそのためにピッチが落ちては意味がありません。自分の走りにこの背骨を前後に動かすリズムを取り入れられるかは各自考えてみてください。今まで腕を横にしか振れなかったランナーは、この背骨の前後の動きがあまりなかったと考えていいと思います。

Check

この背骨の前後の動きを体得すると、腕振り自体にも縦の動きが入ってきます。逆にいうと腕振りを「ただ縦にまっすぐ振れ」という指導は末端のみの意識で大元をみておらず、的を射ていない事になります。

POINT 58

背中周りの若さを保つのが大切

サイラスさんは自分の走りの意識を、翼とエンジンの力で飛ぶ飛行機に例えて「足の力は使わない。お尻と背中の力で走ります」と言っていました。筋肉の力を最大限に発揮するには、筋肉を固めるのではなく「緩める事」です。力まず肩甲骨を寄せず、ゆるゆるなほど可動域が大きくなり背中の筋肉は動きます。そういう意味で背中の柔軟性は非常に大切です。

速いランナーは背中周りが柔らかい！

サイラスさんも横沢さんも前屈はそれほどでもありませんが、背中周りはかなり柔らかいと言えます。年齢を重ねる、または仕事や勉強でデスクワークが長くなると肩甲骨周辺が固まり丸まった姿勢になりやすいです。特に中高年で首が前に突き出すように前屈みになっている方は背中周りや股関節の柔軟を丁寧にやりましょう（※やり過ぎにはご注意！）。

前屈をしてもらうと…

日頃の姿勢は必ずランニングフォームに表れる

背中の若さはランニングの若さに直結します。日頃から猫背で背中が丸まっている人がランニングの時に急に背筋がピンとはなりません。立ち姿、座っている時、歩く時、普段の生活でたえず意識しましょう。最初は大変ですが徐々に習慣化されます。姿勢は日頃の意識が大切です。

猫背の人は、走る時も丸まった姿勢になりやすい

Check

ランニングを長く楽しむには背中周り、股関節の柔軟性を保つ事が大切です。日頃から可動域をひろげるようにアクティブストレッチを行いましょう。背中周りが固い人も、腕を回して肩甲骨周りを動かす事で、少しずつほぐれていきます。

POINT 59

軸足に完全加重にならない

一旦回転し始めた足は支持脚と遊脚が互いに作用しながら振り子のように前に振り出されていきます。筋肉はそこまで使われていないのです。まず、右足が接地すると、そのブレーキングにより左足が振り出されます。支持脚の地面反力と遊脚である左足自体の重みをシンクロさせるのです。左足が前方に振り出されるエネルギーを利用して前進につなげます。腸腰筋はほんのキッカケに過ぎません。結果、大腿骨のＱアングルの影響もあり、身体の重心はブレずに中心軸に近い１本のラインに寄っていく事になります。

支持脚と遊脚の重心がシンクロすれば１本のラインになる

ランニングの動作では片足立ちができるレベルで支持脚に重心を掛けてはいけません。この重心の掛け方で走ると左右に重心が移りすぎて頭がふらついてしまう可能性があります。

その場で片足立ちにすると遊脚側に倒れ込んでしまうような感覚が正しいのです。また支持脚の中心ではなくやや前側に重心をイメージして、乗り込んでいく意識が大切です。

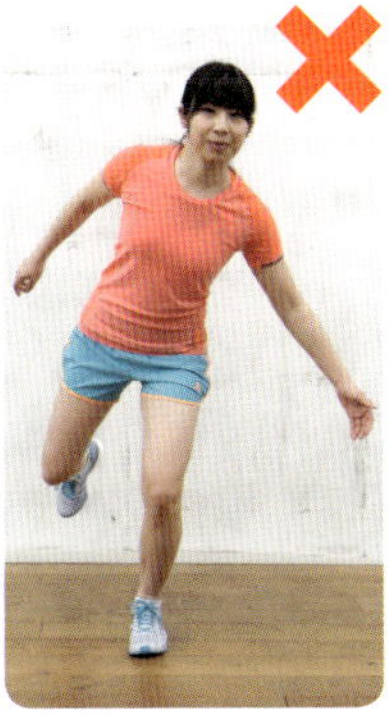

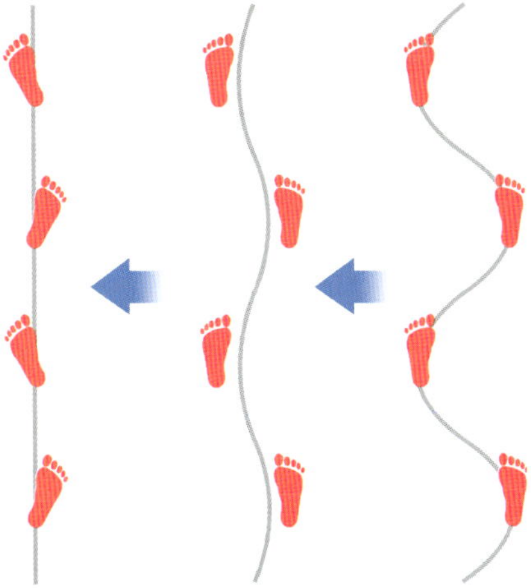

※１本のラインの時の足の着地角度は回内動作によるものです。ガニ股とは違います。

完全な安定状態をあえて作らず、その不安定さをランニング動作にうまく利用する事で身体の重心の中心ラインはほぼ直線になっていき、身体の軸が安定します。

この不安定さを作り出すには、左右の足がそれぞれ一直線上に着地する2本ラインの走り方では成り立ちません。

走る時と歩く時では重心の掛け方も変わる

ゆっくりとしたウォーキングだと身体の重心は支持脚に寄り、左右に骨盤のゆらぎが見られます。しかしランニングでは支持脚に重心が移る前に遊脚が振り出されるので、支持脚にさほど重心が掛からないまま前方に進んでいきます。さらに着地衝撃によって支持脚側の骨盤が上がり、遊脚側が下がる事でその動きが助長されます。

ウォーキング

ランニング

Check

走っている時の左右の足の幅について「肩幅くらい」と書かれている指導書もありますが、それでは足幅はひろがり過ぎです。短距離走のスタートの加速時にはそうなりますが、等速区間が長い長距離走ではありえません。

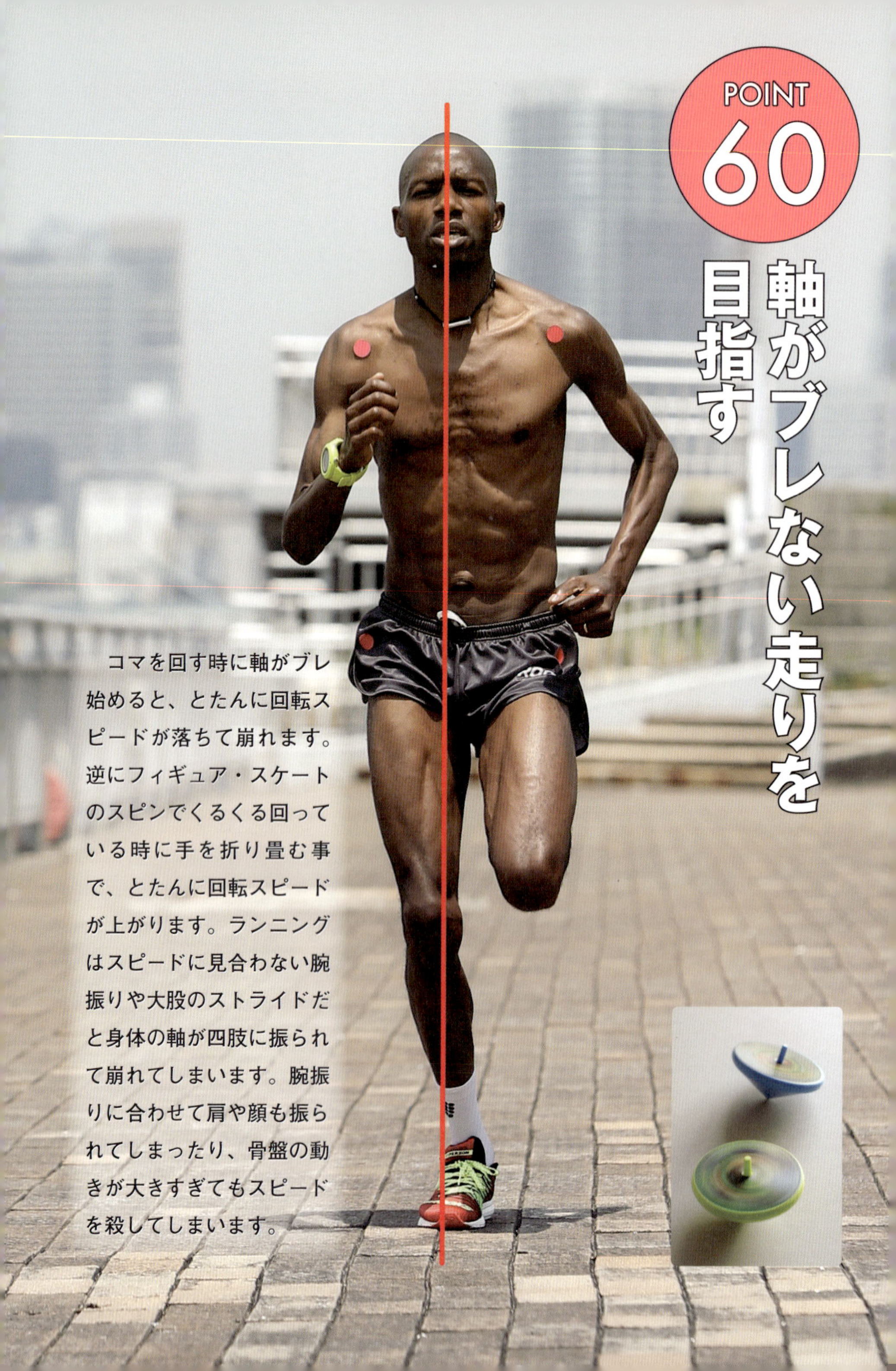

POINT
60

軸がブレない走りを目指す

コマを回す時に軸がブレ始めると、とたんに回転スピードが落ちて崩れます。逆にフィギュア・スケートのスピンでくるくる回っている時に手を折り畳む事で、とたんに回転スピードが上がります。ランニングはスピードに見合わない腕振りや大股のストライドだと身体の軸が四肢に振られて崩れてしまいます。腕振りに合わせて肩や顔も振られてしまったり、骨盤の動きが大きすぎてもスピードを殺してしまいます。

走りはダイナミックに、動きはコンパクトに

ランニングフォームが固まってくると段々と身体の動きがコンパクトになってきます。といってもピッチやストライドは上がります。走りはダイナミックに、そして体幹の動きは小さくキレが出てくるのです。

サイラスさんのフォームも、ストライドは伸びていますが体幹の動きは最小限である事がわかります。

初心者は身体の軸がブレやすい

ランニングフォームが固まっていない初心者は身体の芯の意識も固まっておらず、写真のようにかなりブレた走りになる事が多いのです。四肢の動きに体幹が釣られてはいけません。

またスピードが自分の限界に近づいて呼吸が乱れる事でも身体の軸はブレ始めます。これはランニングエコノミーを阻害する要素として大変大きいのです。

正しい動きを身につけて、効率よく走ろう

体幹は揺らいだりしなったりしますが、無駄に動いてしまっては力が分散してしまって疲れるだけです。2時間前半台のエリートランナーのレベルだとかなりダイナミックな走りになりますが、サブスリーレベルの市民ランナーだと意外とピッチを刻んだコンパクトな走りが目立つものです。しかし共通しているのはブレない体幹です。

Check

骨盤の動きや腕振りの正しい動かし方が理解できたら、動きはキレを出しつつ、なるべくコンパクトにして軸がブレないランニングフォームを作り上げていきましょう。大転子も意識して動かしすぎてはいけません。

Column 8

身体のメンテナンスは大切

フルマラソンの後半ではふくらはぎが数万回に及ぶ着地衝撃の蓄積によって張って固くなる事がよくあります。この状態の筋肉は毛細血管が圧迫され血流が悪くなり、疲労物質や老廃物が溜まっています。また、神経も圧迫を受けているので不快感や重さをとても感じます。当然パフォーマンスは落ちて速く走れなくなっていきます。固くなっているのでSSC効率は上がりそうですが、筋腱スティフネスで重要なふくらはぎの筋肉の筋収縮は弱まり、アキレス腱の伸張を有効に使えず、弾性率は下がってしまっています。

腓腹筋が固い方がSSCを利用しやすいと書きましたが、普段リラックスしている状態では筋肉は緩んでいた方が故障などの観点からもよく、そして普段リラックスしているから筋肉はグッと瞬間的に強く固くなるのです。筋肉は弛緩時と収縮時の硬度の差が大きいほど運動能力が高くなります。ガチガチに緊張してグッと力が入ったままの身体からは巧緻性が著しく損なわれてしまうのです。

ランニング経験が長くなると毎日走っても苦にならなくなりますが、筋肉の硬度は増していきます。運動後のストレッチは筋硬度を有意に下げてくれます。私は気になる部位はセルフマッサージも併用します。

就寝前やお風呂の後にもひとつの筋肉に対して30秒程度の静的ストレッチで関節の可動域をひろげ、心身のリラックスを図りましょう。特に股関節筋群のストレッチは入念に。股関節の可動域は足裏まで影響します。そして高強度の練習やレース前はダイナミック・ストレッチを行う事でケガの予防やパフォーマンス向上が効果が期待されます。ストレッチの時間が長すぎて筋肉や腱を必要以上に緩ませてしまったり、痛みを感じたり、急に伸ばしすぎるようなやり方は逆効果。それぞれの関節や筋肉を全体的に動かすようにして、バランスのとれたストレッチを行ってください。

あとがき

生まれつき速かった人は絶対に気づかなかったであろう、大人になってから走り始めた足の遅い人が速くなるコツ。それらを人間の身体の動きを絵で表現するマンガ家の視点でまとめた60のポイント。いかがでしたでしょうか？　今までの指導書とはかなり違ったアプローチになっていると思います。私はフルマラソンでサブスリーを出す前も、そして出した後も、どうしたら人間は楽に速く、長く走れるかという事ばかりをずっと考えてきました。ランニングフォームに関して私自身が思いついた事、そして先人たちの知恵やバイオメカニクスの先行研究を咀嚼し、トライ&エラーを繰り返してきました。この本はその集大成と言ってもよいでしょう。

「これは実用的だ。目からウロコだ！　こんな本が読みたかった」と好意的に捉えていただいた方もいるでしょうし、今までの指導や認識と違いすぎて戸惑いを隠せない、または「こんなの嘘だ」とお怒りの方もいらっしゃると思います。でも私はなるべく客観的に「実際、速いランナーは誰でもこのように自然に走っているのです」というポイントをなるべくわかりやすいようにまとめただけなのです。かといって私は絶対的な過信の元にこの本を作ったわけではありません。読者の方はすべてが正しいと思わずとも「これは自分自身にしっくり来るな」と思える部分を取捨選択して、ご自身のランニングフォームに取り入れられるとよいかと思います。きっとそれくらいこの本には充分すぎる情報がまとめられているという自負があります。1回のランニングクリニックのイベントに参加して数千円払う事を考えたら、本書はかなりお得ではないでしょうか。

「今までなかった本を作ろう！」という意気込みと反して、この本は企画段階から私の本の書き上げる能力の限界をはるかに超えるものでした。膨大な写真を整理して文章とともにレイアウトする茫漠とも言える作業は本当にキツかったです。新しいソフトをパソコンに入れて勉強してはトライ&エラーという慣れない作業を繰り返しました。ようやく本として読めるレベルになってきて「よくもまぁ、これだけ書き連ねたよな」と我ながら呆れてしまいました。

　そして冒頭の「はじめに」の文章で触れた「文章を少なくして写真中心のムック本」という企画だった割に、文章が結局多いという…。本当にごめんなさい。伝えたい事が多すぎて思っていた以上に文字数が増えてしまいました。第1章であっさりと書いた大転子ランニングや大転子ウォーキングも細かく語り始めるとキリがない。各200ページ超の実用書として世に出ています。

とはいえ何がなんだかまとまりがつかなくなった読者もおられるかと思います。60項目全部なんて覚えきれないし、レースの時はそもそもテンパってるし。思い出せない場合を考えて、最後に要約しておきましょう。私がランニングフォームにおいて最も大切と思われる要素は3つです（私はレース毎に課題を設定して箇条書きで手の甲に書いてます）。

1）末端部分を意識しすぎない。股関節から足を動かすようにする事。大切なのは上肢帯と骨盤からなるブレない身体の軸と股関節筋群の動き。

2）末端部分を意識しすぎてはいけないが、接地と離地の丁寧さはマラソンで大事。着地で地面の反力を足裏全体で素直にもらい、ふくらはぎの筋腱スティフネスを使って推進力に繋げていく。離地で膝や足首で蹴るのは無駄でしかない。

3）たえずリラックスを心がけ、走る効率を意識する。マラソンの後半、疲れた時こそ頑張らないで、ピッチを維持してフォームの修正のみ意識する。力みは筋肉の硬直を生む。すなわち身体の巧緻性と俊敏性を奪ってしまい、ランニングエコノミーの低下につながる。

大会の時もこの３つだけは忘れずに意識してください。もちろん自己ベストを狙うだけでなく、故障の予防にも有効です。

２０１６年の春、江戸総鎮守とよばれる神田明神近くにある出版社カンゼンさんを訪れて最初の打ち合わせをしてから約1年半……。多くの困難を乗り越えて本書は日の目を見る事になりました。意図したとおり色々な意味で、今までなかったランニング本になったと思います。そして本書を作るにあたり多くの方にお世話になりました。思いつく限りの最良の本を作りたいというこだわりが私にはあり、ずいぶん進行を遅らせてしまい、カンゼンの担当編集の廣瀬萌詩さんに大変ご迷惑をおかけしました。私の不満のハケ口として聞き役に徹してくださった現場担当の梅田梓さん、おかわり撮影にもにこやかに応じてくださったカメラマンの山本雷太さん、細かい直しを頑張ってくださったデザイナーの二ノ宮匡さん、素晴らしいイラストを提供してくださった BACKBONEWORKS さんと川野郁代さん、そして圧巻の走りを披露してくださったサイラス・ジュイさんと横沢永奈さん。この場をかりて最大限の感謝の意を表したいと思います。有難うございました。

２０１７年晩秋　みやすのんき

PROFILE

みやすのんき

1962年11月1日生まれ。東京都出身。
『やるっきゃ騎士』（集英社／月刊少年ジャンプ）にてデビュー。
代表作に『冒険してもいい頃』(小学館／週刊ビックコミックスピリッツ）
『桃香クリニックへようこそ』、『厄災仔寵』（共に集英社／週刊ヤングジャンプ）など。
近年は『走れ！マンガ家ひぃこらサブスリー』（実業之日本社）
『あなたの歩き方が劇的に変わる！驚異の大転子ウォーキング』（彩図社）
『「大転子ランニング」で走れ！マンガ家53歳でもサブスリー』（実業之日本社）
などスポーツや健康関係の実用書も出版。
趣味はひなびた温泉と神社仏閣めぐり。

カンゼンのランニングBOOK

1日10分も走れなかった私がフルマラソンで3時間を切るためにしたこと

サブスリートレーニング

鈴木莉紗 著　平塚潤 監修

定価1,500円＋税

陸上未経験・走歴1年半でフルマラソン3時間切りを達成した話題の市民ランナー鈴木莉紗が、女性では数パーセントしかいない“サブスリー達成メソッド”を大公開！

フルマラソンを最後まで歩かずに「完走」できる本

初マラソン完走法

鈴木莉紗 著

定価1,500円＋税

『ランナーズ』の表紙モデルを務めて話題を集めた鈴木莉紗によるシリーズ第二弾本。運動経験がない人でも、フルマラソンを最後まで歩かずに完走できる極意を伝授！

一流ランナーは必ずやっている！
最高のランニングケア

ランニングケア法

中野ジェームズ修一 監修

佐藤基之 著

定価1,500円＋税

中野ジェームズ修一氏によるランニングケア本。一流ランナーが必ず行っているケアの方法をわかりやすく解説。膝痛、かかと痛、足裏痛など、悩み別の予防法がわかる。

デザイン　二ノ宮 匡(ニクスインク)
写真　山本雷太
イラスト　BACKBONEWORKS
川野郁代

モデル　サイラス・ジュイ(セブスポーツ)
横沢永奈

衣装協力　アディダス ジャパン株式会社
TEL 0570-033-033
(アディダスグループお客様窓口)

撮影協力　日本実業団陸上競技連合
有限会社セブスポーツ

編集協力　出口樹孝

編集　梅田 梓
廣瀬萌詩(カンゼン)

誰も教えてくれなかったマラソン
フォームの基本

発 行 日　2018年 1 月11日　初版

著　　者………みやすのんき
発 行 人………坪井義哉
発 行 所………株式会社カンゼン
〒101-0021
東京都千代田区外神田2-7-1 開花ビル
TEL 03（5295）7723
FAX 03（5295）7725
http://www.kanzen.jp/
郵便振替　00150-7-130339

印刷・製本………株式会社シナノ

ISBN 978-4-86255-440-6
Printed in Japan
定価はカバーに表示してあります。

ご意見、ご感想に関しましては、kanso@kanzen.jp まで E メールにてお寄せ下さい。
お待ちしております。